චතුරාර්ය සත්‍යාවබෝධයට ධර්ම දේශනා....

සුන්දර ගමනක් යමු

පූජ්‍ය කිරිබත්ගොඩ ඤාණානන්ද ස්වාමීන් වහන්සේ

චතුරාර්ය සත්‍යාවබෝධයට ධර්ම දේශනා....

සුන්දර ගමනක් යමු

පූජ්‍ය කිරිබත්ගොඩ ඤාණානන්ද ස්වාමීන් වහන්සේ

© සියලුම හිමිකම් ඇවිරිණි.
ISBN : 978-955-0614-57-8

ප්‍රථම මුද්‍රණය : ශ්‍රී බු.ව. 2555 ක් වූ වප් මස පුන් පොහෝ දින
දෙවන මුද්‍රණය : ශ්‍රී බු.ව. 2556 ක් වූ නිකිණි මස පුන් පොහෝ දින

- සම්පාදනය -

මහමෙව්නාව භාවනා අසපුව
වඩුවාව, යටිගල්ඔළුව, පොල්ගහවෙල.
දුර : 037 2244602
info@mahamevnawa.lk | www.mahamevnawa.lk

- පරිගණක අකුරු සැකසුම, පිටකවර නිර්මාණය සහ ප්‍රකාශනය -

මහාමේඝ ප්‍රකාශකයෝ
වඩුවාව, යටිගල්ඔළුව, පොල්ගහවෙල.
දුර : 037 2053300, 0773216685
mahameghapublishers@gmail.com | www.mahameghapublishers.com

- මුද්‍රණය -

ලීඩ්ස් ග්‍රැෆික්ස් (පුද්.) සමාගම,
අංක 356 E, පන්නිපිටිය පාර, තලවතුගොඩ.

චතුරාර්ය සත්‍යාවබෝධයට ධර්ම දේශනා....

සුන්දර ගමනක් යමු

පූජ්‍ය කිරිබත්ගොඩ ඤාණානන්ද ස්වාමීන් වහන්සේ
විසින් පවත්වන ලද සදහම් වැඩසටහන් වලදී දේශනා කරන ලද
සූත්‍ර දේශනා ඇසුරෙනි.

මහාමේඝ
MAHAMEGHA

ප්‍රකාශනයකි

පෙළගැස්ම....

**"දසබලසේලප්පභවා නිබ්බානමහාසමුද්දපරියන්තා
අට්ඨංග මග්ගසලිලා ජිනවචනනදී චිරං වහතූති"**

දසබලයන් වහන්සේ නමැති ශෛලමය පර්වතයෙන් පැන නැගී
අමා මහා නිවන නම් වූ මහා සාගරය අවසන් කොට ඇති
ආර්ය අෂ්ටාංගික මාර්ගය නම් වූ සිහිල් දිය දහරින් හෙබි
උතුම් ශ්‍රී මුඛ බුද්ධ වචන ගංගාව
(ලෝ සතුන්ගේ සසර දුක නිවාලමින්)
බොහෝ කල් ගලාබස්නා සේක්වා!

(සළායතන සංයුත්තය - උද්දාන ගාථා)

නමෝ තස්ස භගවතෝ අරහතෝ සම්මාසම්බුද්ධස්ස
ඒ භාග්‍යවත් අරහත් සම්මා සම්බුදුරජාණන් වහන්සේට නමස්කාර වේවා!

01.
මහා චත්තාරීසක සූත්‍රය

(මජ්ඣිම නිකාය 3 - අනුපද වර්ගය)

ශ්‍රද්ධාවන්ත පින්වතුනි,

අද අපි ඉගෙන ගන්නේ, මජ්ඣිම නිකායේ තුන්වන කොටසට අයිති දේශනාවක්. මේ දේශනාවේ නම මහා **චත්තාරීසක සූත්‍රය.** මේ දේශනාවෙන් ආර්ය අෂ්ටාංගික මාර්ගයයි, රහතන් වහන්සේගේ ඉතුරු අංග දෙකයි, (ඒ කියන්නේ සම්මා ඤාණ, සම්මා විමුක්ති) කියන මේ අංග දහය විස්තර වෙනවා. රහතන් වහන්සේ තුළ තිබෙන මෙම අංග දහය එක අංගයක් හතර ආකාරය බැගින් හතළිස් ආකාරයකට විස්තර කිරීම තමයි මහා චත්තාරීසක සූත්‍රයෙන් දැක්වෙන්නේ.

බුද්ධ කාලයක විතරමයි....

බුදුරජාණන් වහන්සේ මේ ධර්මය දේශනා කොට වදාළේ, සැවැත් නුවර ජේතවනාරාමයේදී. අපි දන්නවා

බුදුරජාණන් වහන්සේ නමක් මේ ලෝකයට පහළ වීමෙන් තමයි, මේ සෑම දෙයක්ම ලෝකයට ලැබෙන්නේ. නිවන් මඟක් ගැන විස්තර, චතුරාර්ය සත්‍ය ගැන විස්තර, බොජ්ඣංග ධර්ම ගැන, සතර සතිපට්ඨාන ධර්ම ගැන, සත්තිස් බෝධිපාක්ෂික ධර්ම ගැන, මේ සෑම දෙයක් ගැනම විස්තර වෙන්නේ බුද්ධ කාලයක විතරයි. අනිත් කාලවල මේවා ගැන අහන්නවත් ලැබෙන්නේ නෑ.

මේ ධර්මය අවබෝධ කළ යුතු එකක්....

බුදුරජාණන් වහන්සේගේ ධර්මය නිකම්ම නිකම් අහලා ඉවර කරන එකක් නොවෙයි. උන්වහන්සේගේ ධර්මය අහලා, මතක තියාගෙන, පුරුදු පුහුණු කරලා, අවබෝධ කළ යුතු එකක්. උන්වහන්සේගේ ධර්මය **සීල, සමාධි, ප්‍රඥා, විමුක්ති, විමුක්ති ඥාණදර්ශන** ගැන කතා කරන දෙයක්. බුදුරජාණන් වහන්සේගේ ධර්මයේ තමයි සීලය ගැන ඉතාම පැහැදිළි ලෙස විස්තර වෙන්නේ. මේ ලෝකේ වෙන කිසිම තැනක, වෙන කිසි ම ඉගැන්වීමක මේ තරම් පිරිසිදුවට සීලය ගැන කතා කෙරිලා නෑ. ඒ වගේම බුදුරජාණන් වහන්සේ වදාළ ධර්මය තුළ තමයි, සමාධිය ගැන විස්තර වෙන්නේ. උන්වහන්සේගේ ධර්මයේ තරම් පිරිසිදු ලෙස සමාධිය ගැන මේ ලෝකේ වෙන කොහේවත් විස්තර වෙන්නේ නෑ. ඒ වගේම බුදුරජාණන් වහන්සේගේ ධර්මයේ තමයි ප්‍රඥාව ගැන විස්තර වෙන්නෙත්. ඒ තරම් පිරිසිදු ලෙස ප්‍රඥාව ගැන වෙන කොහේවත් විස්තර වෙන්නේ නෑ.

සරණ ගියේ සුළු පටු දෙයක් නොවෙයි...

එහෙම නම් බුදුරජාණන් වහන්සේගේ ධර්මය සීලයෙන් නවතින එකක් නොවෙයි. සමාධියෙන් නවතින

එකකුත් නොවෙයි. ප්‍රඥාවත් පූර්ණත්වයට පත්කරලා විමුක්තිය කරා යන එකක්. එහෙම නම් අපි මේ සරණ ගිහින් තියෙන්නෙ සුළු පටු දෙයක් නෙවෙයි. අපි මේ සරණ ගියේ මනුෂ්‍ය ජීවිතයක් සීල, සමාධි, ප්‍රඥා තුළින් පරිපූර්ණ විමුක්තියක් කරා ගෙන යන ධර්මයක්.

ආර්ය සමාධියට උපකාරක ධර්ම හතයි...

ඉතින්, බුදුරජාණන් වහන්සේ වදාළා "පින්වත් මහණෙනි, ඔබට ආර්ය සමාධිය ගැන කියා දෙන්නම්" මොන සමාධියද? ආර්ය සමාධිය. **(සඋපනිසං-සපරික්ඛාරං)** හේතු සහිත, උපකාර ධර්ම සහිත ආර්ය සමාධිය. මේ කියන්නේ, රහතන් වහන්සේගේ සමාධිය ගැන. බුදුරජාණන් වහන්සේ ආර්ය සමාධිය ගැන විස්තර කරනවා. "මහණෙනි, මේ ආර්ය සමාධියට උපකාරක ධර්ම හතක් තියෙනවා." සම්මා දිට්ඨි, සම්මා සංකප්ප, සම්මා වාචා, සම්මා කම්මන්ත, සම්මා ආජීව, සම්මා වායාම, සම්මා සති කියන මෙන්න මේ අංග වලින් යුක්ත සමාධියට තමයි ආර්ය සමාධිය කියලා කියන්නේ. මේ අංග වලින් යුක්ත සමාධියක් ඇති කෙනා තමන්ගේ ජීවිතය සම්පූර්ණ කරගන්නවා.

හැම දේකටම හේතු වෙන්නේ සම්මා දිට්ඨිය....

බුදුරජාණන් වහන්සේ වදාළා "මහණෙනි, මේ සෑම දේකටම හේතු වෙන්නේ සම්මා දිට්ඨිය" කියලා.

ඔබට මතක ඇති බුදුරජාණන් වහන්සේ සම්මා දිට්ඨිය උපමා කළේ අරුණෝදයට, හිරු නැගෙන්න ඉස්සර වෙලා, ආකාසයේ ඇතිවෙන ලා පාට ලස්සන එළියට. ආකාසේ නැගෙනහිර පැත්තෙන් ලා පාට

ලස්සන එළියක් එනකොට, අන්න අපට තේරෙනවා දැන් තව පොඩ්ඩකින් ඉර පායනවා කියලා. අන්න ඒ වගේ කියනවා සම්මා දිට්ඨියත්. සම්මා දිට්ඨිය කියන්නේ මොකක්ද? චතුරාර්ය සත්‍ය පිළිබඳ අවබෝධ ඤාණයයි. එතන ඉඳලා තමයි සම්පූර්ණ මාර්ගය තියෙන්නේ.

උන්වහන්සේ විස්තර කරලා දෙනවා "මහණෙනි, සම්මා දිට්ඨිය ඇතිවීම පිණිස, සම්මා දිට්ඨියම තමයි මුල් වෙන්නේ" කියලා. සම්මා දිට්ඨිය තියෙන කෙනා මිථ්‍යා දෘෂ්ටිය, මිථ්‍යා දෘෂ්ටිය වශයෙන් හඳුනගන්නවා. එතකොට මිථ්‍යා දෘෂ්ටිය, සම්මා දිට්ඨිය වෙන් කරලා හඳුනාගන්න පුළුවන් කාටද? සම්මා දිට්ඨිය තියෙන කෙනාටයි.

මිථ්‍යා දෘෂ්ටිය නිසයි මේ ඔක්කොම...

මිථ්‍යා දෘෂ්ටිය විස්තර කරන්නේ මෙහෙමයි. දානයේ විපාක නැත. උපකාර කිරීමේ, සේවා කටයුතුවල විපාක නැත. පින්-පව් වල විපාක නැත. මෙලොවක් නැත. පරලොවක් නැත. මව්ට සැලකීමේ විපාක නැත. පියාට සැලකීමේ විපාක නැත. ඕපපාතික සත්වයන් නැත. ඊළඟට, ජීවිතය තමන්ගේ නුවණින් අවබෝධ කරලා ප්‍රකාශ කරන ශ්‍රමණ බ්‍රාහ්මණවරු නැත. මේ මොකක්ද? මිථ්‍යා දෘෂ්ටිය. මිථ්‍යා දෘෂ්ටිය මුල් කරගෙන තමයි මේ ඔක්කොම අකුසල් තියෙන්නේ. මේකේ විස්තර වෙනවා, 'ඕපපාතික සත්වයන් නැත' කියන එකත් මිථ්‍යා දෘෂ්ටියට අයිතියි කියලා. ඒ මොකද? "ඕපපාතික සත්වයෝ නැත" කියලා අදහසක් ආවොත් ඒ කෙනා නිරය පිළිගන්නේ නෑ. පෙරේත ලෝකය පිළිගන්නේ නෑ. දිව්‍ය ලෝකය පිළිග න්නේ නෑ. එයා කියන්නේ මේ ඔක්කොම තියෙන්නේ කොහේ කියලද? මෙහේ කියලා. ඒකත් මිථ්‍යා දෘෂ්ටියක්.

සම්මා දිට්ඨියට ආව කෙනා මිථ්‍යා දෘෂ්ටිය අඳුනනවා, අඳුනගෙන මිථ්‍යා දෘෂ්ටියෙන් බැහැර වෙනවා.

විද්‍යාඥයන්ට යම රජ්ජුරුවෝ හොයාගන්න බැරි වෙලා...

ඊළඟට තවත් මිථ්‍යා දෘෂ්ටියක් තමයි, ජීවිත අවබෝධය ඇතිකර ගත් ශ්‍රමණ බ්‍රාහ්මණවරුන්ව පිළිගන්නේ නැති එක. පිළිනොගන්න තාක් ඇහුම්කන් දෙන්නේ නෑ. ඒ මිථ්‍යා දෘෂ්ටියේ හැටි. ශ්‍රවණය කරන්නේ නෑ. හිතන්නෙත් නෑ. තේරුම් ගන්නෙත් නෑ.

ඔබට මතක ඇති, අපි කියලා දුන්නා "දේවදූත සූත්‍රය." බුදුරජාණන් වහන්සේ එහිදී නිරය ගැන විශාල විස්තරයක් කරලා, යම රජ්ජුරුවෝ හිතපු දේවල් පවා ප්‍රකාශ කළා. එතකොට මිථ්‍යා දෘෂ්ටියට ආව කෙනා ඒක පිළිගන්නවද? නෑ. එයාට මේක මහා ගැටළුවක් "ඒව කොහෙද තියෙන්නේ? තාම විද්‍යාඥයින්වත් හොයාගෙන නැහැ නේ" කියනවා. මොකක්ද හේතුව? මිථ්‍යා දෘෂ්ටිය. බුදුරජාණන් වහන්සේ දේශනා කළා "සම්මා දිට්ඨිය තියෙන කෙනා විතරක් ඒක හඳුනාගන්නවා."

අනාගතේ සැප විපාක ලබාදෙන සම්මා දිට්ඨිය....

සම්මා දිට්ඨියේ තියෙනවා කොටස් දෙකක්. එකක් තමයි (සාසවා පුඤ්ඤභාගියා උපධිවේපක්කා) ඒ කියන්නේ කෙලෙස් සහිතයි. නමුත් පින උපද්දවලා දෙනවා, අනාගතයේ සැප විපාක තියෙනවා.

ඒ තමයි, එයා විශ්වාස කරනවා දන් දීමෙන් විපාක ලැබෙන බව. ඊළඟට විශ්වාස කරනවා, බණ-භාවනා

කිරීමෙන්, ඇප උපස්ථාන කිරීමෙන් විපාක තියෙන බව. පින්-පව්වල විපාක තියෙන බව. ඊළඟට විශ්වාස කරනවා මෙලොව. ඊළඟට විශ්වාස කරනවා පරලොව. මෙලොව අපි ඇවිත් තියෙන්නේ කර්මානුරූපව කියලා විශ්වාස කරනවා. තමන්ගේ පින්වල ස්වභාවයට තමයි තමන් කරන දේවල් සාර්ථක වෙන්නේ කියලා විශ්වාස කරනවා. ඒ වගේම එයා විශ්වාස කරනවා, මවට සැළකීමෙන් විපාක තියෙනවා, පියාට සැළකීමෙන් විපාක තියෙනවා කියලා. ජීවිතය ගැන අවබෝධ කරපු ශ්‍රමණ බ්‍රාහ්මණවරු ඉන්නවා කියලා පිළිගන්නවා. මෙයාට බොහොම ලේසියි ධර්ම මාර්ගයේ යන්න.

ඇත්ත නේන්නම්, මේ විදිහටත් උපදින්න පුළුවන්....

ඒ කෙනා රහතන් වහන්සේලා ධර්ම දේශනා කරනකොට, එහෙම නැත්නම් බුදුරජාණන් වහන්සේලාගේ ධර්මය දැනගත්තු මාර්ගඵල නොලැබූ කෙනෙක් ධර්ම දේශනා කරනකොට ඒ ධර්මය අහනවා. අහලා ශ්‍රද්ධාව ඇති කරගන්නවා. "ඇත්ත නේන්නම්, මේ විදිහටත් උපදින්න පුළුවන් නේ" කියලා ඕපපාතික උපත පිළිගන්නවා. ඒක සම්මා දිට්ඨිය. ඊළඟට "අපිට අවබෝධ නොවෙච්ච දේ තව කෙනෙකුට අවබෝධ වෙන්න පුළුවන්" කියලා පිළිගන්නවා. ඒකත් සම්මා දිට්ඨිය. අන්න ඒ සම්මා දිට්ඨිය අනාගතයේ සැප විපාක ලබා දෙනවා.

එහෙම කෙනා තමයි දන් දෙන්නේ. සිල් රකින්නේ. මෛත්‍රී කරුණාවෙන් යුක්ත වෙන්නේ. ඊළඟට එයා ජීවිතය යහපත් විදිහට ගොඩනගා ගන්නවා. සම්මා දිට්ඨියෙන් යුක්ත වෙනවා.

කෙළින්ම නිවන කරා යන සම්මා දිට්ඨිය....

බුදුරජාණන් වහන්සේ දේශනා කළා, තව සම්මා දිට්ඨියක් තියෙනවා, ඒක කෙළින්ම නිවන කරාම යනවා. ඒක තමයි ආර්ය ශ්‍රාවකයාගේ ආර්ය චින්තනය, ආර්ය මාර්ගය වඩනකොට ඇති කරගන්නා ප්‍රඥාව. මොකක්ද? එයා චතුරාර්ය සත්‍යමයි අවබෝධ කරගන්න කල්පනා කරන්නේ. මේකේ තියෙනවා **ප්‍රඥා ඉන්ද්‍රිය** කියලා. ඒ අවබෝධය තමන්ගේ ජීවිතයේ කොටසක් වගේ වෙන් කරන්න බැරි වුනහම ඒක ඉන්ද්‍රියක්. "ප්‍රඥා බල" ඒක බලවත් වුනහම බලයක්. ආර්ය සත්‍ය අවබෝධය පිණිස වීමංසන බුද්ධිය යොදවන කොට, ඔන්න සම්මා දිට්ඨිය ඇතිවෙනවා. එතකොට ඒ සම්මා දිට්ඨි මාර්ගාංගයත් ඇති කර ගන්න අපට පුළුවන්කම තියෙනවා. ඒක ලෝකෝත්තර සම්මා දිට්ඨිය.

අංග තුනක් අත්වැල් බැඳගෙන...

බුදුරජාණන් වහන්සේ වදාළා, මේ ලෝකෝත්තර මාර්ගාංගය තුළින් තමයි, මිථ්‍යා දෘෂ්ටිය සම්පූර්ණයෙන් ම ප්‍රහාණය කරන්නේ. එතකොට ලෝකෝත්තර සම්මා දිට්ඨියේ පිහිටලා, මිථ්‍යා දෘෂ්ටිය ප්‍රහාණය කරන්න නම්, එයාට මොකක්ද ඕන? වීර්යයක් ඕනෑ. සම්මා දිට්ඨිය තියෙන කෙනාට වීර්යයක් ඕන. ඒ වගේම මිථ්‍යා දෘෂ්ටිය ප්‍රහාණය වෙලා සම්මා දිට්ඨියට සම්පූර්ණයෙන් ආවා කියලා සිහියක් තියෙනවා නම්, එතකොට එයාට 'සතිය' තියෙනවා. එහෙනම් මේ මාර්ගයේදී සම්මා දිට්ඨි, සම්මා වායාම, සම්මා සති කියන අංග තුන අත්වැල් බැඳගෙනයි තියෙන්නේ.

දැන් සම්මා දිට්ඨිය තියෙන කෙනාට වීර්යයක් නැත්නම් අකුසල් ප්‍රහාණය කරන්න පුළුවන්ද? බෑ. ප්‍රහාණය කළ බව දන්නේ නැත්නම් සිහියක් තියෙනවා ද? නෑ. එහෙනම් මේ මාර්ගය වඩනවා නම් පැහැදිළිව අපි තේරුම් ගන්න ඕනෑ. මේකේ ආරම්භයේ ඉඳලාම අවබෝධය, වීර්යය, සතිය දියුණු කළ යුතුයි.

සෝතාපන්න වෙච්ච බව දන්නේ නැති සෝතාපන්න අය...

බුදුරජාණන් වහන්සේගේ ධර්මය තුළ කෙනෙක් හරියට සද්ධානුසාරී වුණා නම්, එයාටත් යම්කිසි ප්‍රමාණයකට වීර්ය තියෙනවා. සිහිය තියෙනවා. නුවණ තියෙනවා. ධම්මානුසාරී වුණා නම්, එයාටත් ඒවා තියෙනවා. සෝතාපන්න වුණා නම්, එයාටත් ඒ ධර්ම මාර්ගයේ වීර්ය, සිහිය, නුවණ තියෙනවා.

අපි හිතමු යම්කිසි කෙනෙක් කියනවා "නෑ. මාර්ග යේ ගමන් කරන සද්ධානුසාරී, ධම්මානුසාරී වගේ අය ඉන්න පුළුවන්, සෝතාපන්න වෙච්ච අයත් ඉන්න පුළුවන්, තමන් සෝතාපන්න වෙච්ච බව දන්නේ නැති, තමන් සද්ධානුසාරී, ධම්මානුසාරී වෙච්ච බව දන්නේ නැති" කියලා. ඒක වෙන්න පුළුවන් දෙයක්ද? වෙන්න බැරි එකක්. ඇයි ඒ? තමන්ට සිහිය නැත්නම්, තමන්ට නුවණකුත් නැත්නම් වීර්යයකුත් නැත්නම් එයා ධර්මාවබෝධ කරපු, ධර්මයට ආපු කෙනෙක් නොවෙයි.

සිහියෙන්, වීර්යයෙන්, සම්මා දිට්ඨියෙන් තොරව මාර්ගයක් නෑ...

තමන් සිහියෙන් ඉන්න කොට අකුසල ධර්මයන්

හටගත්තොත් මේ අකුසල ධර්මය තමන් තුළ හටගත්තා කියලා දන්නේ නැද්ද? දන්නවා. තමන් නුවණ පාවිච්චි කරලා ඒ අකුසල ධර්මය ප්‍රහාණය කළොත් මේ අකුසල ධර්මය මට ප්‍රහාණය වුණා කියලා දන්නේ නැද්ද? දන්නවා. තමන්ට ශ්‍රද්ධාව තියෙනවා නම්, තමන්ට ශ්‍රද්ධාව තියෙන බව තමන් දන්නවනේ. තමන්ගේ ශ්‍රද්ධාව සැලෙනවා නම්, වෙනස් වෙලා යනවා නම් තමන් දන්නේ නැද්ද? ඒකත් දන්නවනේ. ඒ නිසා මේ ධර්ම මාර්ගයේදී, සිහියෙන් තොරව, වීර්යයෙන් තොර ව, සම්මා දිට්ඨියෙන් තොරව මාර්ගයක් නැහැ.

බුදුරජාණන් වහන්සේ, මේ දේශනාවේදි වදාළා, "මිථ්‍යා දෘෂ්ටිය ප්‍රහාණය කිරීම පිණිස එයාට කරුණු තුනක් උපකාර වෙනවා" කියලා. මොනවද ඒ අත්වැල් බැඳගත්තු කරුණු තුන? සම්මා දිට්ඨි, සම්මා වායාම, සම්මා සති.

ආර්ය මාර්ගයේ ක්‍රමයෙන් ඉදිරියට...

ඊළඟට බුදුරජාණන් වහන්සේ වදාළා, "සම්මා දිට්ඨියෙන් යුක්ත කෙනා මිථ්‍යා සංකල්පයත් හඳුනනවා. සම්මා සංකල්පයත් අඳුනනවා." මොකක්ද මේ මිථ්‍යා සංකල්පය? කාම සංකල්ප, ව්‍යාපාද සංකල්ප, විහිංසා සංකල්ප.

ඔටුනු පළන් සිංහාසනය...

සාමාන්‍ය කෙනාට කාම ලෝකයම තමයි මුළු ජීවිතේම. ඒකේ තමයි ඔටුනු පළඳලා ඉන්නේ. ඒක තමයි සිංහාසනය. ඊට එහා දෙයක් ගැන මොකුත් කල්පනාවක්

නෑ. ටී වී බැලිල්ලයි, හෝටල් වලින් කෑමයි, ඇඳුම් අඳින එකයි, ගෙවල් දොරවලුයි, එතනින් එහාට ජීවිතය ගැන මොකවත් නෑ. "අපට ඉන්න කාලේ කාලා-බීලා හොඳට සැප විඳලා ඉන්න ඕනෑ. මළාට පස්සේ කොයි දිබ්බාගේ යයිද දන්නේ නැහැනේ" කියලා, කාලා, බීලා විතරක් ඉන්න අය නැද්ද? "මොන භාවනාවල්ද අපට... අපට මොන සිල්ද... විකාර" කියලා කියාගෙන යනවා. ඒ මොන සංකල්පයද? කාම සංකල්පය.

සම්මා දිට්ඨියෙන් යුතු කෙනා දන්නවා මේක මොන සංකල්පයක්ද කියලා. සම්මා දිට්ඨිය නැති කෙනා දන්නේ නෑ.

සම්මා දිට්ඨිය තුළ ම යි රැකවරණය...

ඊළඟට එයා විහිංසා සංකල්පයත් දන්නවා. ව්‍යාපාද සංකල්පයත් දන්නවා. "මේවා නිකන් විසඳන්න බෑ. මරන්න ඕනෑ. විනාශ කරන්න ඕනෑ. දෙන්න ඕනෑ හොඳට" කියලා එනකොට එයා තේරුම්ගන්න ඕනෑ "මේ විහිංසා සංකල්පයක්" කියලා. එතකොට ඒක තේරුම් ගන්නේ කවුද? සම්මා දිට්ඨිය තියෙන එක්කෙනා.

ඊළඟට ව්‍යාපාද සංකල්ප වලිනුත් දුරුවෙලා, අන්න එයා අව්‍යාපාද සංකල්පය පුරුදු කරනවා. අව්‍යාපාද සංකල්පය කියන්නේ මෛත්‍රී, කරුණාව පුරුදු කරනවා. අවිහිංසා සංකල්පය කියන්නේ, හිංසාවෙන් තොර බව පුරුදු කරනවා. මේ ධර්ම මාර්ගයේ ගමන් කරන අය තමයි ගොඩක් කරුණාවන්ත.

ඊර්ෂ්‍යා කරලා වැඩක් නෑ....

අපි විශේෂයෙන්ම මේ ධර්ම මාර්ගයේ ගමන්

කිරීමේදී දුරු කරන්න ඕනෑ එකක් තමයි "ඊර්ෂ්‍යාව." මම දැකපු එකක් තමයි, මේ ඊර්ෂ්‍යාව හරි බලවත්ව හානි කරනවා. ඊර්ෂ්‍යාව හිතේ ඇතිවෙනකොට ඒක හඳුනාගන්න ඕනෑ. සම්මා දිට්ඨියෙන් යුක්ත කෙනා ඒක අඳුනගෙන දුරුකරනවා.

එක එක්කෙනාගෙ පින් පව්වල වෙනස්කම් නැද්ද? තියෙනවා. ලැබීම්වල වෙනස්කම් තියෙනවා, රූපේ වෙනස්කම් තියෙනවා, කටහඬේ වෙනස්කම් තියෙනවා, හැකියාවල වෙනස්කම් තියෙනවා. මේවාට අපි ඊර්ෂ්‍යා කරලා වැඩක් නැහැ. අන්න එයා නුවණින් සළකලා මොකද කරන්නේ? පැහැදිළිවම මිථ්‍යා සංකල්පය බැහැර කරලා, සම්මා සංකල්පය වඩනවා.

ලෞකික සම්මා සංකල්පය සැප ලබාදෙනවා....

සම්මා සංකල්පයෙත් තියෙනවා ලෞකික සම්මා සංකල්පය, ලෝකෝත්තර සම්මා සංකල්පය කියලා දෙකක්. ලෞකික සම්මා සංකල්පයෙන් සැප විපාක ලබාදෙනවා. යහපත් විපාක ලබාදෙනවා.

බුදුරජාණන් වහන්සේගේ දේශනාවල තියෙනවා "ඊර්ෂ්‍යා කරන්නේ නැති අය, අනුන්ට හිංසා කරන්නේ නැති අය ඊළඟ ජීවිතයේ යම්හෙයකින් මිනිස් ලෝකේ ඉපදුණොත්, එයා බොහොම ප්‍රියමනාප යහපත් කෙනෙක් වෙලා උපදිනවා" කියලා. එතකොට ඒකට හේතු වෙන්නේ මොකක්ද? ඊර්ෂ්‍යා නොකිරීම. ඊර්ෂ්‍යා නොකිරීමෙන් විශාල වශයෙන් තමන්ගේ ජීවිතයට යහපතක් සිදුකර ගන්න පුළුවන්.

නිවන පිණිස හේතු වන ලෝකෝත්තර සංකල්පය...

ඊළඟට බුදුරජාණන් වහන්සේ විස්තර කරනවා සම්මා සංකල්පයේ ලෝකෝත්තර අංශය. ඒ තමයි, ඔන්න අපි සිහිකරනවා, "ඇස අනිත්‍යයි... රූප අනිත්‍යයි... විඤ්ඤාණය අනිත්‍යයි... ස්පර්ශය අනිත්‍යයි.. වේදනාව අනිත්‍යයි..." කියලා. ඒ වගේම පටිච්චසමුප්පාදයේ අංග සිහි කරනවා. ඒ විතරක් නොවෙයි පංච උපාදානස්කන්ධයේ, "රූපය අනිත්‍යයි... වේදනා අනිත්‍යයි..." ආදී වශයෙන් නුවණින් විමසනවා. ඒක මොකක්ද? ලෝකෝත්තර සම්මා සංකල්පය. ආර්ය මාර්ගයේ නිවන පිණිස හේතුවන සම්මා සංකල්පය. අන්න ඒ කෙනා ඒ විදිහට නුවණින් විමසලා... විමසලා... මිථ්‍යා සංකල්ප සම්පූර්ණයෙන්ම ප්‍රහාණය කරනවා.

එකකට ඇවිල්ල අනික ප්‍රහාණය කරන්න....

මිථ්‍යා සංකල්ප සම්පූර්ණයෙන්ම ප්‍රහාණය කරන්නේ කුමකට ඇවිල්ලාද? සම්මා සංකල්පයට ඇවිල්ලා. එහෙනම් මතක තියාගන්න, අපි නරක දුරු කරන්නේ මොකේට ඇවිල්ලාද? හොඳට ඇවිල්ලා. සිහි නැති බව දුරු කරන්නේ සිහියට ඇවිල්ලා. අයෝනිසෝ මනසිකාරය දුරු කරන්නේ යෝනිසෝ මනසිකාරයට ඇවිල්ලා. අන්න බලන්න, යමකට ඇවිල්ලයි අනික බැහැර කරන්නේ.

බුදුරජාණන් වහන්සේ වදාළා, ඒ විදිහට "නුවණින් විමසලා, සම්මා දිට්ඨියෙන් යුතුව මිථ්‍යා සංකල්පය දුරු කිරීම පිණිස, සම්මා සංකල්පය උපදවා ගැනීම පිණිස වීර්යය කරන්න" කියලා. ඒක මොකක්ද? සම්මා වායාම.

එහෙම වීර්ය කළාට පස්සේ වැරදි කල්පනා දුරුවෙලා සම්මා සංකල්පනාවේ හිත පිහිටියට පස්සේ එයා දන්නවා, "දැන් මගේ හිත අනිත්‍යයේ පිහිටලා තියෙනවා. දැන් මට කාම සංකල්පනා එන්නේම නෑ. සිහිකරනකොට විරාගී සංකල්ප ඇතිවෙනවා" කියලා. එතකොට සිහිය පිහිටලාද, නැද්ද? සිහිය පිහිටලා. එතකොට අර අත්වැල් බැඳගත්තු කරුණු තුනම තියෙනවා. මොනවද ඒ? සම්මා දිට්ඨිය, සම්මා වායාම, සම්මා සති. එහෙනම් තේරුම්ගන්න, අපිට අවබෝධයකින් තොරව, උත්සාහයකින් තොරව, සිහියකින් තොරව මේ නිවන් මඟ දියුණු කරන්න බෑ.

මිහිරි වචන කියන්නේ බුද්ධ ධර්මයට...

ඊළඟට බුදුරජාණන් වහන්සේ දේශනා කරනවා, "සම්මා දිට්ඨිය තියෙන කෙනා මිථ්‍යා වාචාත් අඳුනනවා, සම්මා වාචාත් අඳුනනවා." මොනවද මිථ්‍යා වාචා? බොරු කීම, කේළාම් කීම, පරුෂ වචන කීම, හිස් වචන කීම. මේවා තමයි මිච්ඡා වාචා.

දැන් මේ සමාජයේ මිච්ඡා වාචා නැවැත්තුවොත් එයාට කතා කරන්න වචන නැතුවම යනවා. ඇයි කතා කළොත් මිථ්‍යා වචනයක්මයි. හොඳට හිතලා බලන්න, හැමෝම එක්ක ධර්මය කතාකරන්න පුළුවන්ද? බෑ. ඒ නිසා අපි සම්මා වාචා අඳුනාගන්න ඕනෑ. බුදුරජාණන් වහන්සේ හරි ලස්සනට සම්මා වාචා පෙන්වා දෙනවා. "එයා මිථ්‍යා වාචා වලින් වෙන් වෙනවා. වෙන් වුණාට පස්සේ කතා කරන්නේ සත්‍ය වචන (**සච්ච වාචා**). කේළාම් නොවන දේවල්" (**අපිසුනා වාචා**). ඊළඟට තියෙනවා මිහිරි වචන (**සන්හා වාචා**). මිහිරි වචන කියන්නේ මොනවද? හුරතල් තොදොල් වචනද? නෑ. එහෙනම් මිහිරි වචන

කියන්නේ බුද්ධ ධර්මයට. ඊළඟට (මන්තා වාචා) මන්තා වාචා කියන්නේ නුවණ දියුණු වෙන වචන කතා කරනවා.

සම්මා දිට්ඨිය නැති අය සමග ධර්ම කතා බෑ...

හොඳට හිතලා බලන්න. සාමාන්‍ය සමාජයේ තියෙන්නේම මොන වාචාද? මිථ්‍යා වාචා. මිථ්‍යා වාචාවලට ඇලුම් කරන, සම්මා දිට්ඨිය නැති අයත් එක්ක ධර්ම කතාවක් පටන් ගන්න බලන්න. මොකද වෙන්නේ? හිමීට මඟඇරලා යනවා. එක්කෝ "ඇති..! ඇති..! ඇති..!" කියනවා. වල් පල් කතාකරනවා නම් අත්පුඩි ගහ ගහ තුනට, හතරට, අටට, දොළහට නැමි නැමී හිනාවෙවී පුදුමාකාර ප්‍රීතියකින් තමයි ඒවා කතා කර කර ඉන්නේ.

සම්මා වාචා කතාකරන්න ගත්තහම, "නෑ. නෑ. ඕක අත්හැරලා දාමු" කියලා, ඔන්න ටික වෙලාවක් යනකොට නිදි කිරනවා, ඇනුම් යනවා. "මොකද්ද මේ" කියලා හිමීට මාරුවෙලා යනවා. මොකද එහෙම කරන්නේ? සම්මා දිට්ඨිය නැති නිසයි. සම්මා වාචාවලට යන්න නම් සම්මා දිට්ඨිය තියෙන්න ඕනේ.

හොඳට නරකට දෙකට කට ම ය...

සම්මා දිට්ඨිය තියෙන කෙනෙක් ධර්ම කතාවක් කරන කොට හරි ප්‍රීතියෙන් ඒක කරන්නේ. ධර්මය කතා කර කර ධර්මයෙන් ප්‍රීති වෙවී, ධර්ම පොත් පෙරළමින් බල බලා "අනේ අපට කොච්චර ලැබීමක් ද, මේ විදිහටයි අකුසල් ප්‍රහාණය කරන්න තියෙන්නේ, මෙහෙමයි කුසල් දියුණු කරන්න තියෙන්නේ" කිය කියා හරි ප්‍රීතියෙන් ඒ යහපත් දේ කතාකරනවා.

දැන් එතකොට මේ පින්වතුන් කල්පනා කරලා බලන්න. වචනය කියන එක හොඳට හැරුණොත් අන්තිම හොඳයි. නරකට හැරුණොත් අන්තිම භයානකයි. වචනයෙන් කරන බරපතලම අකුසලය මොකක්ද? "සංඝ භේදය." පංචානන්තරිය කර්ම වලින් එකක්. ඒක වචනයෙන් කරන්න තියෙන්නේ. ඒක උපසම්පදා භික්ෂූන් වහන්සේලාට විතරයි කරන්න පුළුවන්. ගිහි අයට කරන්න බැහැ. සංඝ භේදයක් කළොත් කල්පයක් නිරයේ විපාක විඳින්න ඕනෑ. බලන්න එක වචනයක් වරද්ද ගත්තහම වෙන හානිය. එක ස්වාමීන් වහන්සේ නමක් ඇහුව "ස්වාමීනි, එහෙනම් බිඳිච්ච සංඝයා සමගි කළොත්?" "කල්පයක් සුගතියේ" කිව්වා. ඒත් වචනයෙන්.

එක්කො ධර්මය කතා කරන්න. නැත්තම් භාවනා කරන්න...

එතකොට වචනය හරියට හසුරුවා ගන්න බැරි වුණොත් විශාල හානි සිද්ධවෙනවා. ඒක නිසයි බුදුරජාණන් වහන්සේ එක තැනකදී භික්ෂූන් වහන්සේලාට දේශනා කළේ, **(සන්නිපතිතානං වෝ භික්ඛවේ ද්වයං කරණීයං)** "මහණෙනි, එකතු වුනහම දෙකක් තියෙනවා කරන්න. **(ධම්මී වා කථා)** එක්කෝ ධර්මය කතා කරන්න. **(අරියෝ වා තුණ්හීභාවෝ)** එක්කෝ භාවනා කරන්න. ඒ මොකද? වචනය වැරදුනොත් එහෙම පුදුම විදිහට ප්‍රමාදයට පත්වෙනවා.

කය සංවර කරගන්න ලේසියි. ඒත් වචනය...

කය සංවර කරගන්නවා කියන එක හිතට ගත්තහම කරන්න ලේසියි. දැන් සතෙක් මැරීමෙන් වැළකීම, හොරකමින් වැළකීම, වැරදි කාමසේවනයෙන් වැළකීම,

ආදිය සිහියක් ඇති කරගෙන කරන්න පුළුවන්. ඒත් වචනය හොයන්න බෑ. ඇයි, අපි හැම තිස්සේම කතා කර කර ඉන්න එකනේ කරන්නේ. කොහේ යනවද? කොහෙන්ද මේක ඉවර වෙන්නේ? නවතින්නේ කොහෙන්ද? මොකවත් හොයන්න බෑ. කතාකරන ගමන් අපි දන්නේම නෑ අකුසල් මතුවෙනවා. සමහර වෙලාවට හොඳ එකක් කතා කර කර ඉන්නේ, කේළමකින් ඉවර වෙනවා. එහෙම වෙන්නේ නැද්ද? වෙනවා. එක්කෝ කාට හරි අපහාස කරලා තමයි නතර වෙන්නේ. මේ වගේ දේවල් වෙන්නේ මොකද? වචනය පිළිබඳ අකුසලය හිතේ තියෙන නිසා.

තරාදියෙන් කිරලා බැලුවොත්...

එහෙම නම් සම්මා දිට්ඨිය මුල් කරගෙනයි මිච්ඡා වාචා දුරු කරන්න තියෙන්නේ. අන්න ඒ නිසා හොඳට තේරුම්ගන්න. අපට කතා බස් කරන්න ලැබිච්ච මේ අවස්ථාව දුර්ලභ එකක්.

දැන් මේ පින්වතුන් මේ වෙනකොට වචන කීයක් විතර කතා කරලා ඇද්ද? වෙන් කළොත් එහෙම, "මේවා තමයි හොඳ වචන, මේවා තමයි නරක වචන" කියලා, තරාදියක දෙපැත්තකට දැම්මොත් එහෙම නරක වචන වැඩියි. හැබැයි හොඳ වචනයෙන් පුළුවන් අර අකුසල් ඔක්කොම වළක්වන්න.

සිහිය නැතිකම ම යි හේතුව...

ඊළඟට සම්මා වාචා ඇති කරගන්න තියෙන හොඳම ක්‍රමය තමයි, අඩුවෙන් අවශ්‍ය දේ විතරක් කතාකරන එක. ඒකත් අමාරුයි නේ! අපට හොඳට තේරෙනවා. දැන් අපි විවේකයක් දෙමු විනාඩි පහක් විතර. කොහෙන් හරි චට, චට, චට ගාල වේගයෙන් ඇහෙනවා. මොකද ඒ?

අන්න එතකොට පේනවා මේ වැඩේ එහෙම අඩුවෙන්නේ නෑ. විවේකය ලැබෙනකම් බලන් ඉන්නේ පටන් ගන්න. මේ වැඩේ වෙන්නේ මොකද? සිහිය නැති නිසා. සිහිය පිහිටන්න, පිහිටන්න තමයි මේක අඩුවෙන්නේ. ඒක එකපාරටම කරන්න බෑ. අපි ඒක හිතා මතා අඩු කරගන්ට ඕනෑ. අපිට හිතෙන්නේම මහා පාළුයි වගේ. කතා නොකර බෑ වගේ.

අන්න නුවණ තියෙන කෙනා සම්මා වාචාවෙනුත් යුක්ත වෙනවා. එයා සම්මා දිට්ඨියේ පිහිටලා, සම්මා වාචා ඇති කරගන්නවා. මිච්ඡා වාචා ප්‍රහාණය කරන්න වීර්යය ඇති කරගන්නවා. අන්න එහෙම වීර්යයක් ඇති කරගෙන මිච්ඡා වාචා ප්‍රහාණය වෙලා සම්මා වාචාවල හිත පිහිටියට පස්සේ, එයාට සිහිය පිහිටනවා. කොහොමද? "මා තුළ දැන් සම්මා වාචා පිහිටියා" කියලා.

අහකදාන්න මොකුත් නැති මුනි වදන්...

බලන්න, මේ ලෝකේ වෙන කෙනෙක් වචන ගැන මේ විදිහට කතා කරලා තියෙනවද? කවුරුවත් කතාකරලා නෑ.

බුදුරජාණන් වහන්සේගේ ශ්‍රාවකයන් වූ රහතන් වහන්සේලා තමයි මුලින්ම ධර්ම දේශනා කරගෙන ගියේ. උන්වහන්සේලා කොයිතරම් පිරිසිදු වචන කතා කරන්න ඇද්ද? කොයිතරම් අවබෝධයක් ඇතිවෙන දේවල් කතා කරගෙන යන්න ඇද්ද? ඒ මුනිවරු කතා කරන හැම වචනයකම අහක දාන්න මොකුත් නෑ. ඒ තරම්ම පිරිසිදුයි.

එතකොට බුදුරජාණන් වහන්සේ වදාළා, "එයා සම්මා දිට්ඨියේ පිහිටලා සම්මා වායාම ඇති කරගෙන, මිථ්‍යා වාචා සම්පූර්ණයෙන්ම ප්‍රහාණය කරනවා"

කියලා. එතකොට එහෙම නම් පිරිසිදු බව ඇතිවෙන්නේ කොහේද? වචී සංස්කාරවල. ඇයි? අපි කතා කරන්නේ හිතෙන් හිතලනේ. එතකොට ඇතුලේ තියෙන ප්‍රශ්නය සම්පූර්ණයෙන් නිරවුල් වෙනවා. මොනම හේතුවක් නිසාවත් එයා බොරුවක් කියන්නේ නෑ. මොනම හේතුවක් නිසාවත් කේළමක් කියන්නේ නෑ. හිස් වචන කියන්නේ නෑ. එතකොට කොච්චර සිහියක් පිහිටන්න ඕනද?

බෑ කිව්වොත් බෑ ම තමයි...

ඊළඟට බුදුරජාණන් වහන්සේ පෙන්වලා දෙනවා. සම්මා වාචා ඇතිකර ගන්නත් කරුණු තුනක් උපකාර වෙනවා. මොනවද ඒ? සම්මා දිට්ඨි, සම්මා වායාම, සම්මා සති. මේවා අපට පුරුදු කරගන්න පුළුවන්ද? බැරිද? පුළුවන්. වයසට ගියා කියලා බයවෙන්න එපා! "අනේ අපට දැන්නම් බෑ. දැන් ඉතින් ඉස්සර වගේ බෑ" කියලා හිටියොත් එහෙම, බෑ ම තමයි.

එහෙම වුණොත් අපිට මිච්ඡා වාචා ඇතිව තමයි මැරෙන්න වෙන්නේ, සම්මා වාචා දියුණු කරලා නෙවෙයි. ඒ නිසා අපි මිච්ඡා වාචා ප්‍රහාණය කරලා, සම්මා වාචා දියුණු කරගන්න ඕනෑ.

සම්මා කම්මන්තයත් හඳුනාගන්න...

බුදුරජාණන් වහන්සේ වදාළා, "සම්මා දිට්ඨිය තියෙන කෙනා ඊළඟ අංගයත් දන්නවා." මොකක්ද ඒ? සම්මා කම්මන්තයත් එයා හොඳට දන්නවා. මිච්ඡා කම්මන්තයත් එයා හොඳට දන්නවා.

කම්මන්ත කීවේ, කයින් කරන ක්‍රියා. ඒකේ මිථ්‍යා ක්‍රියා තියෙනවා. අයහපත පිණිස, හානි පිණිස පවතින

ක්‍රියා. මොනවද ඒ? සතුන් මැරීම, සොරකම් කිරීම, වැරදි
කාම සේවනය. එතකොට බලන්න මේ ඔක්කෝටම
මුල් වෙලා තියෙන්නේ මොකක්ද? මිච්ඡා දිට්ඨිය. මිච්ඡා
දිට්ඨියෙන් යුක්තව තමයි ඒවා කරන්න තියෙන්නේ.

ඔළුව අත්හැරපු රටකට ගිය කල...

එහෙම නම් කෙනෙකුට සම්මා දිට්ඨිය ඇතිකෙරෙව්වා
නම් වැඩේ හරිනේ. එයා මිථ්‍යාවෙන් වළකිනවා නේ. අන්න
බලන්න මම ඒකනේ කිව්වේ, අපේ රටේ කතාවෙනවා
පන්සිල් ගැන. ඒ වුණාට මත්පැන් බොන අය ඔහේ
බොනවා. හොරකම් කරන අය ඔහේ හොරකම් කරනවා.
වැරදි කාමසේවනයේ කෙළවරක් නෑ. නමුත් හැමදාම
කියනවා පන්සිල් ගැන. මේකේ තේරුම මොකක්ද? ඔළුව
අත්හැරලා අත් දෙකයි, කකුල් දෙකයි, බඩයි ගැන කතා
කරනවා. ඔළුව මොකක්ද? සම්මා දිට්ඨිය.

ඔළුව අත්හැරලා කියනවා, "අත-පය මෙහෙම
හරවපන්" කියලා. "බඩට මේව දාපන්" කියලා. ඉතින්
දාන්න ඔළුවක් තියෙන්න එපායැ. ඒ වගේ සම්මා දිට්ඨිය
ගැන කතා නොකර අර ටික ගැන කතා කරනවා.
හරියන්නේ නෑ.

සම්මා දිට්ඨිය ගැන කතා කරලා කිව්වහම "මෙන්න
පාර, යන්න" කියලා. සම්මා දිට්ඨිය තියෙන කෙනා
යනවා. එයාට "අතපය මෙහෙම හසුරුවපන්, මෙහෙම
පය තියාපන්" කියලා කියන්න දෙයක් නෑ. සම්මා දිට්ඨිය
තියෙන කෙනා දන්නවා, "මේවා මිථ්‍යා, මේවා අකුසල්,
මේවා හොඳ නෑ" කියලා. එතකොට සම්මා දිට්ඨිය
ඇතිවෙච්ච කෙනා ඒකෙන් වළකිනවා. එයා ප්‍රාණඝාතය
කරන්නේ නෑ. හොඳ උදාහරණයක් තියෙනවා.

නිකෙලෙස් මුනිවරුන්ගේ කරුණා මහිමය...

බුදුරජාණන් වහන්සේ සැවැත්නුවර වැඩඉන්න කාලේ, එක ස්වාමීන් වහන්සේ නමක් නිතර නිතර මැණික් කපන බාස් කෙනෙකුගේ ගෙදරකට දානෙට වැඩම කළා. මේ රහතන් වහන්සේ නමක්. දවසක් මොකද වුණේ? මේ රහතන් වහන්සේ වැඩිය වෙලාවේ, මේ මැණික් කපන බාස් උන්නැහැගේ ගෙදරට මස් වගයක් ලැබුණා. ඊට පස්සේ මේ බාස් උන්නැහේ කල්පනා කරා "ඉක්මනට මේ මස් ටික උයලා මේ රහතන් වහන්සේට පිළිගන්වන්න ඕනෑ" කියලා, මස්ටික කපන්න පටන් ගත්තා.

ඒ ගෙදර ඇති කරපු කොස්වාළිහිණියෙක් හිටියා. ඒ වෙලාවේදීම කෙනෙක් මැණිකක් ගෙනාවා ඔපදාන්න. මෙයා මේ මැණික අර ලේ අතින්ම අල්ලලා පැත්තකින් තියලා ආයෙත් මස් කැපුවා. කොස්වාළිහිණියා මැණික ගිල්ලා. දැන් මෙයා මස් කපලා ඉවර වෙලා අත පය හෝදලා, පිරිසිදුවෙලා බැලුවා, මැණික නෑ. හැබැයි කොස්වාළිහිණියා මැණික ගිලිනවා රහතන් වහන්සේ දැක්කා.

ජීවිතය නිසාවත් ප්‍රාණඝාතය අනුමත කළේ නෑ...

අර මනුස්සයගේ හිත ගැස්සුනා. කළබල වුණා. හිතුවා, "හරි. මේ හාමුදුරුවෝ තමයි මේක ගන්න ඇත්තේ" කියලා, ඇහුවා "ස්වාමින් වහන්ස, අතන තිබ්බ මැණික කෝ?" රහතන් වහන්සේ බිම බලාගෙන නිශ්ශබ්දව හිටියා. "ගත්තෙ නෑ" කීවා නම් අහනවානේ, "එහෙනම්

කවුද ගත්තේ?" කියලා. ආයේ මූණ පාත් කරලා, ඇස් රවලා, ඇහුවා "කෝ මැණික, මොකද වුණේ?" කියලා. ඒත් නිශ්ශබ්දව හිටියා. ආයේ ඇහුවා "හාමුදුරුවනේ කෝ මැණික?" එතකොට ආයෙත් නිශ්ශබ්දව ඉන්නවා. කිව්වේ නෑ.

බලන්න ප්‍රාණඝාතයෙන් වැළකීම මොන වගේද කියලා. ඊට පස්සෙ මොකද වුණේ. දැන් අරය අහනවා, අහනවා කියන්නේ නෑ. ඊට පස්සේ "ආ.. හිටපන් මම කට ඇරවන්නම්" කියලා ලොකු කඹයක් අරන් ඇවිල්ලා ඔළුව වටේ ඔතලා දෙපැත්තට ඇද්දා... අදිනකොට නහයෙන් එකපාරටම ලේ පැන්නා.

ලේ කුට්ටියක් පැනපු ගමන් අර කොස්වා ලිහිණියා එතෙන්ට ඇවිත් අර ලේ එකට හොට තිබ්බා. තියනකොට ම මොකද වුණේ? මේ මනුස්සයාට කේන්ති ගිහින් පයින් ගැහුවා. ගහපු ගමන් කොස්වාළිහිණියා මැරුණා. රහතන් වහන්සේ ඇහුවා "අර සතා මැරිලද?" කියලා. "තමුන්නාන්සේට මොකද?" කියලා ඇහුවා. "නෑ. මැරිලද කියන්න?" එතකොට "ඔව්, මැරිලා" කිව්වා. "එහෙනම් දැන් බඩ පලන්න" කිව්වා. "මම දැක්කා ගිලිනවා, ඒත් මට බෑ පණ තියෙන සතෙකුට අනතුරක් වෙනවා දකින්න." ඊට පස්සේ බලනකොට බඩේ මැණික තිබ්බා.

කොස්වාළිහිණියා ගෙදරට... බාසුන්නැහේ නිරයට...

එතකොට බලන්න සිල්රැකීම කොහොමද කියලා. ඔන්න ප්‍රාණඝාතයෙන් වැළකීම කියන එක හඳුනා ගන්න හොඳ තැනක් ඒක. ඒ බණ පොතේ තියෙනවා, ඒ කොස්වාළිහිණියා මැරිලා ගිහින් ඒ ගෙදර උපාසිකාවගේ

බඩේ දරුවෙක් වෙලා ඉපදුණා කියලා. බාසුන්නැහේ නිරයට ගියා. එතකොට බලන්න කර්මයේ ස්වභාවය.

එතකොට මිච්ඡා කම්මන්තය ප්‍රහාණය වෙලා සම්මා කම්මන්තයේ පිහිටන්නෙත් අර කරුණු තුන අත්වැල් බැඳගෙනමයි. මොනවද? සම්මා දිට්ඨිය, සම්මා වායාම, සම්මා සති.

ප්‍රාණඝාතයේ යෙදෙන ආකාරයේ අකුසලය හිතෙන් ප්‍රහාණය වෙලා නම්, සොරකමට යෙදෙන ආකාරයේ අකුසලය හිතෙන් ප්‍රහාණය වෙලා නම්, වැරදි කාම සේවනයට යෙදෙන ආකාරයේ අකුසලය හිතෙන් ප්‍රහාණය වෙලා නම් ඒ කියන්නේ මිච්ඡා කම්මන්තය ප්‍රහාණය වෙලා නම්, එයා සම්මා කම්මන්තයේ පිහිටලයි ඉන්නේ.

මිච්ඡා කම්මන්ත ප්‍රහාණය කිරීම පිණිස, සම්මා දිට්ඨියේ ඉඳලා වීර්යය කරන්න ඕනෑ. අන්න ඒ විදිහට වීර්යය ඇති කරගත්තහම, එයා යම් දවසක අවබෝධ කරගන්නවා "දැන් මා තුළ මිථ්‍යා කම්මන්ත ප්‍රහාණය වෙලා තියෙන්නේ. සම්මා කම්මන්තයේ පිහිටලා තියෙන්නේ" කියලා. එතකොට සම්මා සතියේ හිත පිහිටනවා.

එතකොට අර කරුණු තුන අත්වැල් බැඳගෙනයි මේ ධර්ම මාර්ගය තියෙන්නේ. මොනවද ඒ? සම්මා දිට්ඨි, සම්මා වායාම, සම්මා සති.

තිසරණයෙන් තොර සම්මා දිට්ඨියක් නෑ...

ඊළඟට බුදුරජාණන් වහන්සේ දේශනා කරනවා, සම්මා දිට්ඨිය තියෙන කෙනා තමයි දන්නේ, "මේක සම්මා ආජීවය, මේක මිථ්‍යා ආජීවය" කියලා. නැත්නම් දන්නේ නෑ.

දැන් ලෝකේ වැඩි මොකක්ද? ලෝකයේ සම්මා දිට්ඨි කතාවල් නෑ. "සම්මා දිට්ඨිය ඇතිකර ගන්න" කියලා කියන්නෙත් නැහැ. සම්මා දිට්ඨිය ඇති කරගන්න නම්, අනිවාර්යයෙන් තිසරණයේ පිහිටන්න ඕනෑ. ගෞතම බුදුරජාණන් වහන්සේගේ ශාසනය සරණ යන්න ඕනෑ. ගෞතම බුදුරජාණන් වහන්සේගේ ශාසනය තුළ ධර්මාවබෝධ කරන්න කල්පනා කරන්න ඕනෑ. අන්න එහෙම කෙනා විතරයි සම්මා දිට්ඨිය ඇතිකර ගන්නේ.

හොරට කිරුම්, හොර අත්සන් බලාගෙනයි!...

මිථ්‍යා ආජීවය ගැන බුදුරජාණන් වහන්සේ දේශනා කරලා තියෙනවා. තරාදියෙන් හොරට කිරලා දෙන ඒවා හොර ගණන් හිලව්, හොර අත්සන් මේ ඔක්කෝම මිථ්‍යා ආජීවයටයි අයිති. හාල්වලට ගල් දානවා. මේ ඔක්කෝම මිථ්‍යා ආජීවය. මේ අය මැරුණාට පස්සේ අපායේ යන්නේ.

එක මුදලාලි කෙනෙක් අවුරුදු ගාණක් හාල්වලට ගල් දාලා. අන්තිමට භාවනා කරන්න ගිහින්. කරගන්න බැරිවෙලා. මේක මතක් වෙනවාලු. බලන්න ඒ මිථ්‍යා ආජීවය බරපතල එකක් බවට පත්වුණා. එහෙම වුණේ සම්මා දිට්ඨිය නැති නිසා. එතකොට තේරෙනවා ද සම්මා දිට්ඨිය නැත්නම් පොඩි අකුසලයක් වුණත් මහා බරපතල දෙයක් බවට පත්වෙනවා.

දැන් බලන්න යුද්දේ කියලා ආරංචි වෙනකොටම මෙහේ බඩු ගණන්. යුද්ධයක් වෙලාද? නෑ. අර යුද්දේ කියන අකුරු තුන ඇහිලා. ඇහෙනකම් බලන් ඉන්නේ, එකපාරටම බඩු ගණන් වැඩි කරන්න.

පැවිදි අයටත් මිථ්‍යා ආජීවය තියෙනවා...

මේ වගේම මිථ්‍යා ආජීවය පැවිදි අයටත් තියනවා. අහනවා "ආ මේ පින්වත් දායක මහත්මයලා ගිය වතාවේ නම් මේ කාලේ වෙනකොට මහා පින්කමක් කළා නෙව. මේ පාර කරන්නේ නැද්ද?" කියලා. "අනේ හාමුදුරුවනේ කරන්න බැරිවුණා" "ඒක නේන්නම්. ඇයි මොකද?" කියලා අහනවා. ඊට පස්සේ මේ මනුස්සයට ලැජ්ජයි. පස්සේ සල්ලි කීයක් හරි එකතු කරගෙන පින්කම කරනවා. මොකද්ද ඒක? මිථ්‍යා ආජීවය. ඊට පස්සේ කියනවා "අනේ හාමුදුරුවනේ අපට දානයක් සාංඝික කරන්න ඕනෑ." "එහෙනම් ඉතින් අටපිරිකරක් ගේන්න. අටපිරිකරක් නැතිව සාංඝික කරන්න බැරිය" කියනවා. මිථ්‍යා ආජීවය.

ඉංජිනේරු පුතා හරිම හොඳයි...

ඊළඟට, ඔන්න පුංචි ළමයි එනවා. "ආ එන්න බබෝ" කියලා වඩා ගන්නවා. හුරතල් කර කර ඉන්නවා. "අනේ අපේ හාමුදුරුවෝ අපේ ළමයිට හරි ආදරෙයිනේ. යමල්ලා දානෙ ටිකක් දෙන්න" කියලා ඔන්න එනවා ඒක මිථ්‍යා ආජීවය. ඊට පස්සේ ඉතින් ඔන්න වර්ණනා කරනවා, "මැතිණියගේ මේ ඉංජිනේරු පුතා, දොස්තර දුව හරි හොඳයි, අපට සළකනවා. ගමේ ගියොත් කිරි හට්ටියක් ගේනවා ම යි." මේ මොනවද මේ? මිථ්‍යා ආජීවය. එතකොට අර නොගෙනෙන කෙනා හිතනවා "මමත් ගේනවා එකක්." ඊට පස්සේ කියනවා "මෙයා සංඝයාට හරි හිතවත්. කෙහෙල් ඇවරියක්, පැපොල් ගෙඩියක් අරන් මිසක් හිස් අතින් නම් පන්සලට එන්නේ නෑ" කියලා. එහෙම කියන තැන් නැද්ද? තියෙනවා. ඒ ඔක්කොම මිථ්‍යා ආජීවය. පැවිද්දන්ට කියලා වෙසනක් නෑ. මිථ්‍යා ආජීවයට අහුවුණොත් ඉවරයි.

සම්මා දිට්ඨිය තියෙන කෙනා මිථ්‍යා ආජීවය හඳුනාගෙන ප්‍රහාණය කරනවා. එතකොට සම්මා ආජීවයයි, මිථ්‍යා ආජීවයයි අඳුනගන්නේ කවුද? සම්මා දිට්ඨිය තියෙන කෙනා. සම්මා දිට්ඨිය තියෙන කෙනා සම්මා ආජීවයයි මිථ්‍යා ආජීවයයි හඳුනාගෙන, මිථ්‍යා ආජීවය ප්‍රහාණය කරනවා. මිථ්‍යා ආජීවය ප්‍රහාණය කරලා සම්මා ආජීවය ඇතිකර ගන්නවා. සම්මා ආජීවය ඇතිකර ගත්තහම ඒක තමයි තියෙන පිරිසිදුකම.

සැරියුත් තෙරුන්ට බඩේ අමාරුවක්...

බුදුරජාණන් වහන්සේගේ කාලේ, සාරිපුත්ත මහ රහතන් වහන්සේට බඩේ අමාරුවක් හැදුනා. ඒ වෙලාවේ මුගලන් හාමුදුරුවෝ ඇහුවා "ඔබ වහන්සේට ගිහි කාලෙත් මෙහෙම හැදෙනවද?" "අපොයි ඔව්. මට ගිහි කාලෙත් මෙහෙම හැදෙනවා. එතකොට අපේ අම්මා මට මේ මේ දේවල් දාලා කැඳක් හදලා දෙනවා. ඒක බීපු ගමන් හරියනවා" කිව්වා. එතකොට මුගලන් හාමුදුරුවෝ කිව්වා "ඔබ වහන්සේ මහා පින්වන්ත කෙනෙක් නේ. ඔබ වහන්සේට පිනක් තිබුණොත් ලැබෙයි."

මේක අහගෙන හිටියා දෙවි කෙනෙක්. එයා මෙහෙම කළා. කිට්ටුව සිටු මාළිගාවක් තිබුණා. ඒ සිටු මාළිගාවේ පොඩි සිටු කුමාරිකාවගේ ඇඟට වැහුණා. වැහෙනකොට ම මෙන්න සිටු කුමාරිකාව හතරගාතේ දාලා වැටුණා. ඊට පස්සේ ඔලුව හොල්ලහොල්ලා මෙහෙම කිව්වා. "ලියා ගනින් තුණ්ඩුවක් අරගෙන මෙන්න මේ ඖෂධ වර්ග" ඉතින් කියන්න ඇති "කරාබු නැටි, එනසාල්, මේවා දාපන්, දාලා කැඳක් හදාපන්" කියලා. ඔන්න හෙට හාමුදුරුවෝ නමක් වඩිනවා, දානෙට දීපන්. එතකොට මම මේ ප්‍රාණකාරයව අත්හැරලා යනවා."

නිකෙලෙස් මුනිවරුන්ගේ පිරිසිදු ආජීවය...

ඊට පස්සේ ගෙදර මිනිස්සු පහුවදා උදේ කැඳ හැදුවා. මුගලන් හාමුදුරුවෝ ඒ සිටු නිවසට වැඩම කළා. වැඩම කළාට පස්සේ අර බෙහෙත් කැඳ පාත්තරයට පූජාකළා. මුගලන් හාමුදුරුවන්ට සිතුවිල්ලක් පහල වුණා. "ආ.. අපි ඊයේ කතා වුණ එකනේ මේ. පින්වත් සාරිපුත්ත හාමුදුරුවන්ට පූජා කරනවා" කියලා හැරුනා. සිටු ගෙදර අය "ඇයි ස්වාමීන් වහන්ස" කියලා ඇහුවා. එතකොට කිව්වා, "එක නමක් ඉන්නවා අසපුවේ" කියලා. "එහෙනම් ඔබ වහන්සේ ඕක වළඳන්න. අපි තව එකක් දෙන්නම්" කිව්වා. ඉතින් මුගලන් හාමුදුරුවෝ වැළඳුවා. තව පාත්තරයක් දුන්නා. මුගලන් හාමුදුරුවෝ පාත්තරයත් අරන් වැඩියා. "ඔන්න ඔබ වහන්සේට අපි ඊයේ කතා වුනේ, ඒක හම්බ වුණා" කිව්වා.

බලන්න, සාරිපුත්ත හාමුදුරුවෝ ඒක ප්‍රඥාවෙන් හිතපු හැටි. සාරිපුත්ත හාමුදුරුවෝ කල්පනා කළා "කවුද මේක අහගෙන හිටියේ. අපි දෙන්න විතරයි නේ හිටියේ. කවුද මේක දැනගත්තේ?" එතකොට තේරුණා "එකත් එකටම මේ කතාව අමනුෂ්‍යයෙක් අහගෙන ගිහින් කාට හරි හිංසාවක් කරලා තමයි, මේක හදලා තියෙන්නේ" කියලා. "පින්වත් මොග්ගල්ලානයන් වහන්ස, මට ඕක එපා. ඕක අරගෙන ගිහින් වීසිකරන්න" කිව්වා. මුගලන් හාමුදුරුවෝ කිසිම කතාවක් නොකර ගිහින් වීසි කරා. වීසි කරන්න පාත්තරය මුනින් අතට හරවන කොටම ඒ කැඳ ටික හැලුනේ යම් සේ ද, ඒ විදිහටම අර ඇගේ තිබුණ ආබාධය සුවපත් වුණා. ආයේ පිරිනිවන්පානකම් ම හැදුනෙත් නැහැ.

හොයනවා නම් පිරිසිදු ජීවිතයක් ගත කරපු කෙනෙක්...

එතකොට බලන්න රහතන් වහන්සේලාගේ සම්මා ආජීවය කොහොම එකක්ද කියලා. මේ ලෝකයේ පිරිසිදු ජීවිතයක් ගතකරපු කෙනෙක් දිහා බලනවා නම්, හොයාගන්නවා නම්, රහතන් වහන්සේ නමක්මයි හොයා ගන්න තියෙන්නේ. එච්චර පිරිසිදු කෙනෙක් වෙන හොයා ගන්න නෑ. ඇයි? වෙන කවුද රාග, ද්වේෂ, මෝහ ප්‍රහාණය කළේ?

මෝඩකම වහගන්න කතා නොකරන අය...

මිථ්‍යා ආජීවය හොයන්න බෑ. හරිම අමාරුයි. ඔන්න මම හිමාලයේ එක අසපුවකට ගියා. ඒකේ කතා නෑ. සාදුවරු ඉන්නවා කිසිම කතාබහක් නැහැ. ඉතින් මිනිස්සු මහ ඉහළින් යනවා. මොකද මේ? කතා කරන්නේ නෑ. භාවනාවෙන් ම යි ඉන්නේ. "ඉතින් යමල්ලා" කියනවා දීලා එන්න. එතකොට ලාභ ප්‍රයෝජන ලබාගන්න තමයි ඒ ගොල්ලෝ කතා නොකර ඉන්නේ.

වාසි ගොඩක් තියෙනවා ඒකේ. ඇයි? තමන් මෝඩ ද? තමන් නුවණැති ද? තමන් දන්නවද? දන්නේ නැද්ද? ඔක්කොම හෙළිදරව් වෙනවා නේ කට ඇරියොත්. කට අරින්නේ නැතුව හිටියහම යස අගේට ඉන්න පුළුවන්. ඉතින් කියනවා "මෙහෙමයි, මෙහෙමයි, දානෙට විතරයි වඩින්නේ. ආයේ කා එක්කවත් කතා කරන්නේ නෑ. එහෙම්මම ගිහින් ආයේ නිශ්ශබ්දව ඉන්නවා." ඇයි, නිශ්ශබ්දව ඉන්න කොට, කරබාගෙන ඉන්නකොට මිනිස්සු පහදිනවා.

බලන්න මිථ්‍යා ආජීවය හොයන්න හරි අමාරු එකක්. නුවණින් විමසලා, නුවණින් තේරුම් අරගෙනයි ප්‍රහාණය කරන්න තියෙන්නේ.

තුනක් මුල්කරගෙන හතරක් වඩන කොට එකක් දියුණු වෙනවා...

දැන් පින්වතුනි, තේරුම් ගන්න. මේ සම්මා සංකප්ප, සම්මා වාචා, සම්මා කම්මන්ත, සම්මා ආජීව කියන කරුණු හතර ඇතිකර ගන්නේ කරුණු තුනක් මුල් කරගෙන. මොනවද ඒ? සම්මා දිට්ඨි, සම්මා වායාම, සම්මා සති. එතකොට එයාට වර්ධනය වෙනවා සම්මා සමාධිය.

බලන්න කොයිතරම් ලස්සනද කියලා. බුදු කෙනෙකුට ඇර, ලෝකේ වෙන කාටවත් මේ විදිහේ දේවල් නම් කියන්න බෑ. හිතන්නවත් බෑ. "මෙන්න මේ විදිහට අකුසල ධර්ම ප්‍රහාණය කරන්න පුළුවන්, මේ විදිහට කුසල ධර්ම දියුණු කරන්න පුළුවන්, මේ විදිහට කුසල ධර්ම දියුණු කර කර අකුසල ධර්ම ප්‍රහාණය කර කර සිහිය පිහිටුවන්න පුළුවන්" කියලා වෙන කාටවත් කියන්න නම් බෑ. ඔබට මේ දේශනාවල් ශ්‍රවණය කරන කොට ඒක තේරෙන්නේ නැද්ද? අන්න බලන්න මේකේ පැහැදිළිවම මිත්‍යා සංකල්පය පෙන්වලා දෙනවා. සම්මා සංකල්පය තේරුම් කරලා දෙනවා. මිච්ඡා වාචා තේරුම් කරලා දෙනවා. සම්මා වාචා තේරුම් කරලා දෙනවා. මිථ්‍යා කම්මන්ත තේරුම් කරලා දෙනවා. සම්මා කම්මන්ත තේරුම් කරලා දෙනවා. මිථ්‍යා ආජීවය තේරුම් කරලා දෙනවා. සම්මා ආජීවය තේරුම් කරලා දෙනවා. මේ ලෝකයේ වෙන කොහේවත් මෙබඳු ආකාරයේ තේරුම් කරලා දීමක් නෑ. හරිම පිරිසිදුයි.

බුදුරජාණන් වහන්සේගේ ධර්මය තුළ ඉතාම පිරිසිදුව ආර්ය මාර්ගය විස්තර වෙනවා.

ප්‍රාර්ථනාවෙන් ලබන්න බෑ...

ඉතින් ඒකෙන් පැහැදිළිව පේනවා සම්මා දිට්ඨියෙන් යුක්ත නොවන කෙනාට, ඒ වගේම සම්මා වායාමය නැති සම්මා සතිය නැති කෙනාට මේක කරන්න බෑ. දැන් මේ පින්වතුන්ට තේරෙනවාද? වීර්යයකින් තොරව, සිහියකින් තොරව, අවබෝධයකින් තොරව නිවන් දකිනවා කියන එක වෙන්න පුළුවන්ද? බෑ. මේ ධර්මය අහනකොට තේරෙන්නේ නැද්ද? "මේක නම් ප්‍රාර්ථනා කරලා ලබන එකක් නොවෙයි. මේක නම් අනුගමනය කරලා අවබෝධයෙන්ම දියුණු කරලාම ලබාගන්න පුළුවන් එකක්" කියලා.

හිතට අධිෂ්ඨානයක් ගත්තොත් අද ඉඳලා පුළුවන්...

දැන් අපි හිතමු ඔබේ ජීවිතයේ ඔබ අද ඇතිකර ගන්නවා කියලා අධිෂ්ඨානයක්. "මම මේ ආර්ය අෂ්ටාංගික මාර්ගයේ මේ අංග තුනේ පිහිටලා, (මොකක්ද ඒ? සම්මා දිට්ඨි, සම්මා වායාම, සම්මා සති.) මේ අංග හතර දියුණු කරනවා." (මොනවද ඒ අංග? සම්මා සංකප්ප, සම්මා වාචා, සම්මා කම්මන්ත, සම්මා ආජීව) කියලා. එහෙම කටයුතු කරනකොට වැරදුනොත් හොඳට තේරෙනවා මොකෙන්ද වරදින්නේ? වීර්යය නැතිවීමෙන්. සිහිය නැතිවීමෙන් තමයි.

දවස් හතෙන් නිවන් දකින්න...?

හොඳට සම්මා දිට්ඨියේ පිහිටලා වීර්යයක්, සිහියක් ඇතිව ඉස්සරහට ගියොත්, මේ ගමන යන්න පුළුවන්.

බුදුරජාණන් වහන්සේ සතිපට්ඨාන සූත්‍රය දේශනා කරලා කිව්වා "දවස් හතක් ඇති මේ විදිහට කරගන්න" කියලා.

ඉතින් ඒ වගේ, ජීවිතයේ සැලසුමක් ඇතිකර ගත්තොත්, ජීවිතයේ මොකුත් කර කියා ගන්න බැරි අසරණ මට්ටමට එනකොට තමන් කයින් විතරයි අසරණ වෙන්නේ, හිතින් අසරණ වෙන්නේ නෑ. සාමාන්‍ය ජීවිතයක වෙන්නේ ඒක නෙවෙයි. කයෙන් අසරණ වෙන්න ඉස්සරලා හිතෙන් අසරණ වෙලා ඉවරයි. නමුත් තමන් සිහිය උපදවාගෙන, වීර්යයෙන් යුතුව, නුවණ මත පිහිටලා හිටියා නම් එහෙම වෙන්නේ නෑ.

සොඳුරු මඟින් නිවන කරා...

බුදුරජාණන් වහන්සේ දේශනා කරනවා සම්මා දිට්ඨිය ඇති කරගත්තු එක්කෙනාට තමයි සම්මා සංකල්පය ඇතිවෙන්නේ.

↓

සම්මා සංකල්පය ඇතිවුණ එක්කෙනාට තමයි සම්මා වාචා ඇතිකර ගන්න පුළුවන් වෙන්නේ.

↓

සම්මා වාචා ඇතිවුණ එක්කෙනාට තමයි සම්මා කම්මන්ත ඇතිකර ගන්න පුළුවන් වෙන්නේ.

↓

සම්මා කම්මන්ත ඇතිවුණ එක්කෙනාට තමයි සම්මා ආජීව ඇතිකර ගන්න පුළුවන් වෙන්නේ.

↓

සම්මා ආජීවය ඇතිවුණ එක්කෙනාට තමයි සම්මා වායාම

ඇතිකර ගන්න පුළුවන් වෙන්නේ.

↓

සම්මා වායාම ඇතිවුණ එක්කෙනාට තමයි සම්මා සතිය ඇතිකර ගන්න පුළුවන් වෙන්නේ.

↓

සම්මා සතිය ඇතිවුණ එක්කෙනාට තමයි සම්මා සමාධිය ඇතිකර ගන්න පුළුවන් වෙන්නේ.

↓

බුදුරජාණන් වහන්සේ වදාළා සම්මා සමාධිය ඇති වෙච්ච එක්කෙනාට තමයි සම්මා ඤාණ ඇතිවෙන්නේ.

↓

සම්මා ඤාණ ඇතිවෙච්ච එක්කෙනාට තමයි සම්මා විමුක්ති ඇතිවෙන්නේ.

සම්මා ඤාණය හඳුනාගන්න....

සම්මා ඤාණ කියන්නේ මොකක්ද? **"සත්‍ය ඤාණ" "කෘත්‍ය ඤාණ" "කෘත ඤාණ"** කියන ඤාණ තුන සම්පූර්ණවීමයි. සත්‍ය ඤාණ කියන්නේ, චතුරාර්ය සත්‍ය, සත්‍යයක් බවට ඇතිවන ඤාණයයි. කෘත්‍ය ඤාණ කියන්නේ, ඒ චතුරාර්ය සත්‍යයේ අංග හතරෙන් කළ යුතු දේ. ඒ කියන්නේ, දුක අවබෝධ කළ යුතුයි, සමුදය ප්‍රහාණය කළ යුතුයි, නිරෝධය සාක්ෂාත් කළ යුතුයි, මාර්ගය ප්‍රගුණ කළ යුතුයි, කියන එක. ඔන්න කෘත්‍ය ඤාණය.

මේ ධර්ම මාර්ගයේ ගිහින් දුක අවබෝධ වුණා, අන්න කෘත ඤාණය. දුක්ඛ සමුදය ප්‍රහාණය වුණා, කෘත ඤාණය.

නිරෝධය සාක්ෂාත් වුණා, කෘත ඤාණය. මාර්ගය වඩා නිම කළා, කෘත ඤාණය. අන්න ඒක තමයි සම්මා ඤාණ.

විමුක්තියෙන් මඟ අවසන්...

සම්මා විමුක්ති කියන්නේ අරහත් ඵලය. ඒකට පාළි වචනයක් තියෙනවා **"අකුප්පා චේතෝ විමුත්ති"** කියලා. සාමාන්‍යයෙන් මෛත්‍රී සමාධියට කියන වචනයක් තියෙනවා **"මෙත්තා චේතෝ විමුත්ති"** කියලා. ඒක වෙනස්. මෙතන කියන්නේ **"අකුප්පා චේතෝ විමුත්ති"** ඒක තමයි සම්මා විමුක්තිය.

අකුප්පා කියන්නේ මොනම ක්‍රමයකින්වත් මේ චිත්ත විමුක්තිය වෙනස් වෙන්නේ නෑ. මේ ලෝකේ කාටවත් වෙනස් කරන්නත් බෑ. ඒ කිව්වේ දුකෙන් නිදහස් වුණා නම් නිදහස් වුණාමයි. ආයේ දුක කරා යන්නේ නෑ. එතකොට මේ ආර්ය අෂ්ටාංගික මාර්ගය සම්පූර්ණ වුණොත් තමයි මේ සම්මා ඤාණ, සම්මා විමුක්ති කියන දෙක ලැබෙන්නේ.

සේඛ කෙනෙකුට අංග අටයි. රහතන් වහන්සේට අංග දහයයි...

ඔන්න බුදුරජාණන් වහන්සේ වදාළා (**ඉති බෝ භික්ඛවේ අට්ඨංග සමන්නාගතෝ සේඛෝ**) මහණෙනි, අංග අටකින් යුක්ත නම් සේඛ. සේඛ කියන්නේ ත්‍රිශික්ෂාවේ හික්මෙන. මොනවද ත්‍රිශික්ෂාව? සීල, සමාධි, ප්‍රඥා. එතකොට රහතන් වහන්සේට සේඛ කියන්නේ නෑ. සෝවාන් මාර්ගයේ ගමන් කරන කෙනා, සෝවාන් ඵලයට පත්වෙච්ච කෙනා, සකදාගාමී මාර්ගයේ ගමන් කරන කෙනා, සකදාගාමී ඵලයට පත්වෙච්ච කෙනා, අනාගාමී

මාර්ගයේ ගමන් කරන කෙනා, අනාගාමී ඵලයට පත්වෙච්ච කෙනා, අරහත් මාර්ගයේ ගමන් කරන කෙනා කියන මේ හත් දෙනා තමයි සේඛ නමින් හඳුන්වන්නේ.

ඒ මාර්ගය සම්පූර්ණ වුණහම අසේඛ. අසේඛ කියන්නෙ හික්මිලා ඉවරයි. අන්න උන්වහන්සේට තියෙනවා අංග දහයක් **(දසංගේහි සමන්නාගතෝ අරහා)** ඒ තමයි සම්මා දිට්ඨි, සම්මා සංකප්ප, සම්මා වාචා, සම්මා කම්මන්ත, සම්මා ආජීව, සම්මා වායාම, සම්මා සති, සම්මා සමාධි, සම්මා ඤාණ, සම්මා විමුත්ති. මේ දහය හතර ආකාරයකට විස්තර කරනවා.

සම්මා දිට්ඨිය හතර ආකාරයකට ඇතිවෙනවා...

1 කෙනෙක් සම්මා දිට්ඨිය ඇතිකර ගන්නවා.

2. ඇතිකරගෙන මිච්ඡා දිට්ඨිය ප්‍රහාණය කරනවා.

3. මිච්ඡා දිට්ඨිය නිසා ඇතිවෙන්න තියෙන යම්තාක් අකුසල් ඇද්ද, ඒ අකුසල් ප්‍රහාණය වෙනවා.

4. සම්මා දිට්ඨිය නිසා යම්තාක් දියුණු කරගන්න කුසල් ඇද්ද, ඒ සියලුම කුසල් දියුණු කරගන්නවා.

සම්මා සංකප්පයත් ආකාර හතරයි...

1. සම්මා සංකප්පය ඇති කරගන්නවා.

2. මිච්ඡා සංකප්පය ප්‍රහාණය කරනවා.

3. මිච්ඡා සංකප්පය නිසා ඇති වෙන්න තිබ්බ යම්තාක් අකුසල් ඇද්ද, ඒ ඔක්කොම නැතිවෙනවා.

4. සම්මා සංකප්පය නිසා යම්තාක් දියුණු කරගන්න

කුසල් තියෙනවාද, ඒ ඔක්කොම දියුණු කරගන්න පුළුවන් වෙනවා.

සම්මා වාචාත් ආකාර හතරයි...

1. සම්මා වාචා ඇති කරගන්නවා.
2. මිච්ඡා වාචා ප්‍රහාණය කරනවා.
3. මිච්ඡා වාචා නිසා ඇති වෙන්න තිබ්බ යම්තාක් අකුසල් ඇද්ද, ඒ ඔක්කොම ප්‍රහාණය කරනවා.
4. සම්මා වාචා නිසා දියුණු කරගත හැකි යම්තාක් කුසල ධර්ම ඇද්ද, ඒ සියලුම කුසල ධර්ම දියුණු කරනවා.

සම්මා කම්මන්තයත් ආකාර හතරයි...

1. සම්මා කම්මන්තය ඇති කරගන්නවා.
2. මිච්ඡා කම්මන්තය ප්‍රහාණය කරනවා.
3. මිච්ඡා කම්මන්තය නිසා යම්තාක් අකුසල ධර්ම රැස්වෙන්න තිබ්බා නම්, ඒ ඔක්කොම ප්‍රහාණය කරනවා.
4. සම්මා කම්මන්තය නිසා යම්තාක් දියුණු කරගන්න කුසල් තියෙනවද, ඒ ඔක්කොම දියුණු කරගන්න පුළුවන් වෙනවා.

සම්මා ආජීවයත් ආකාර හතරයි...

1. සම්මා ආජීවය ඇති කරගන්නවා.
2. මිච්ඡා ආජීවය ප්‍රහාණය කරනවා.
3. මිච්ඡා ආජීවය ප්‍රහාණය කිරීම නිසා මිථ්‍යා

ආජීවයෙන් කෙරෙන්නා වූ යම්තාක් අකුසල් ඇද්ද, ඒ සියලුම අකුසල් ප්‍රහාණය කරනවා.

4. සම්මා ආජීවය නිසා දියුණු කරගත යුතු යම්තාක් කුසල් ඇද්ද, ඒ සියලු කුසල් දියුණු කරගන්නවා.

සම්මා වායාමත් ආකාර හතරයි...

1. සම්මා වායාම ඇති කරගන්නවා.

2. ඇතිකරගෙන මිච්ඡා වායාම දුරුකරනවා.

3. මිච්ඡා වායාම මුල්වෙලා හටගන්න යම්තාක් අකුසල් ඇද්ද, ඔක්කොම ප්‍රහාණය වෙනවා.

4. සම්මා වායාම නිසා දියුණු කරගත හැකි යම් තාක් කුසල් ඇද්ද, ඒ කුසල් ඔක්කොම දියුණු කරගන්නවා.

සම්මා සතියත් ආකාර හතරයි...

1. සම්මා සතිය ඇති කරගන්නවා.

2. මිච්ඡා සතිය දුරුකරනවා.

3. මිච්ඡා සතිය නිසා හටගන්නා යම්තාක් අකුසල් ඇද්ද, ඒ අකුසල් ඔක්කොම දුරුකරනවා.

4. සම්මා සතිය නිසා දියුණු කරගත හැකි යම්තාක් කුසල් ඇද්ද, මේ කුසල් ඔක්කෝම දියුණු කරනවා.

සම්මා සමාධියත් ආකාර හතරයි...

1. සම්මා සමාධිය ඇති කරගන්නවා.

2. ඇතිකරගෙන මිච්ඡා සමාධිය දුරුකරනවා. මිච්ඡා සමාධිය කියන්නේ මොකක්ද? වැරදි විදිහට තියෙන සිතේ එකඟ බව, ඔන්න ටී.වී. එක දාගෙන බලන්

ඉන්නවා. යාළුවෙක් එනවා දන්නේ නෑ. හොරු එනවා දන්නේ නෑ. කනේ අරුංගල් ටික ගලවාගෙන යනවා දන්නේ නෑ. වළලු ටික ගලවාගෙන යනවා දන්නේ නෑ. හොරු ඇවිත් මැච් එක බලනවා දන්නේ නෑ. මැච්එක ඉවර වෙච්ච ගමන් කන අතගාලා බලනවා. අත් බලනවා "ආ.. නෑනේ" මොකක්ද මේ? මිච්ඡා සමාධියෙන් ඉඳලා.

3. එතකොට මිච්ඡා සමාධිය නිසා හටගන්නා අකුසල් ඇද්ද ඒ ඔක්කොම ප්‍රහාණය කරනවා.

4. සම්මා සමාධිය නිසා හටගන්න යම්තාක් කුසල් ඇද්ද ඒ කුසල් දියුණු කරනවා.

සම්මා ඤාණයත් ආකාර හතරයි...

1. සම්මා ඤාණයට පැමිණෙනවා.

2. මිථ්‍යා ඤාණය ප්‍රහාණය කරනවා. මිථ්‍යා ඤාණය කින්නේ මොනවාද? වර්තමාන විද්‍යාවේ උගන්වන්නේ මොනවද? ඔක්කොම මිථ්‍යා ඤාණ තමයි. ඒකෙන් මේ ලෝකෙට යහපතක් වෙලා තියෙනවද? අපට පහසුකම් පොඩ්ඩක් වැඩිවෙලා එච්චරයි. අපේ ආයුෂ දික්වෙලා තියෙනවද? කරදර අඩුවෙලා තියෙනවද? මොකවත් වෙලා නෑනේ. මේ ලෝකේ මිථ්‍යා ඤාණය තමයි දැන් මේ තියෙන්නේ.

   බුදුරජාණන් වහන්සේ වදාළා සම්මා ඤාණයට ආව කෙනා මිථ්‍යා ඤාණය සම්පූර්ණයෙන්ම බැහැර කරනවා.

3. මිථ්‍යා ඤාණය නිසා හටගන්නා වූ යම්තාක් පාපී අකුසල් ඇද්ද ඒ අකුසල් ඔක්කොම ප්‍රහාණය කරනවා.

අම්මගේ අපලයක් ළමයා පිටින් ගිහිල්ලා...

මිථ්‍යා ඤාණය හරි භයානක එකක්. අපි දන්න එක අම්මා කෙනෙකුගේ පොඩි දරුවෙක් අකාලේ නැතිවුණා. මිථ්‍යා ඤාණය තිබ්බ නිසා ඔන්න ගියා කේන්දරය බලන්න. බලලා කිවුවා "මේක අම්මගේ අපලයක්, ළමයා පිටින් ගියේ" දැන් ප්‍රශ්නය ආවේ කාටද? අම්මට. මොකක්ද මේ කැරකුණේ? මිථ්‍යා ඤාණය. බලන්න කොයිතරම් භායානකද කියලා. කර්ම-කර්මඵල විශ්වාසය ඔක්කොම ඉවරයි. ඊට පස්සේ පොඩ්ඩක් එහා මෙහා වෙනකොට බනින්නේ කාටද? අර අම්මට. "මෙයා නිසා තමයි ඔක්කොම වුණේ. මෙයා තමයි පව්කාරි" දැක්කද? මොන ඤාණයද ඒක? මිථ්‍යා ඤාණය.

4. සම්මා ඤාණයෙන් යුක්ත වුනහම, සම්මා ඤාණය තුළ දියුණු කරගන්න පුළුවන් සෑම කුසල ධර්මයක් ම දියුණු කරගන්න පුළුවන්.

සම්මා විමුක්තියත් හතර ආකාරයි...

ඊළඟට සම්මා විමුක්තියට පත්වෙච්ච එක්කෙනා සම්මා විමුක්තියට පැමිණිලා මිච්ඡා විමුක්තියෙන් නිදහස් වෙනවා. මොකක්ද මිච්ඡා විමුක්තිය කියන්නේ? ඔන්න නඩුවකට පැටලි පැටලි ඉඳලා ඒ නඩුවෙන් බේරෙනවා. "අප්පා ඇති නිදහස් වුණා" කියලා කියන්නේ නැද්ද? කවදාවත් ඒ විදිහට නිදහස් වෙලා නම් මේ ගැටළුව ඉවර කරන්න බෑ. ඔන්න ප්‍රශ්න තියෙන තැනකට ගිහින් නිදහස් වෙනවා. "දැන් ඉතින් යන්තම් ඇති" කියනවා. නමුත් ඒ මිච්ඡා විමුක්තියට මොකුත් කරන්න බෑ. ඒක අපේ රටේ ඉස්සර තිබ්බ විමුක්තිය වගේ එකක්.

මිච්ඡා විමුක්තිය හරි භයානකයි. මට හම්බ වෙලා තියෙනවා හිමාලයේ ඉන්න තාපසවරු, මුළු ජීවිත කාලයේම එක මන්තරයක් මතුරනවා, ලක්ෂ වාරයක්. මතුරලා ඔන්න සතුටින් ඉන්නවා. මොකද මේ? විමුක්තිය ලැබිලා. මාත් එක්ක කියලා තියෙනවා "අපි දුකෙන් නිදහස්, ආයේ උපදින්නේ නෑ" කියලා. හේතුව මොකක්ද? මන්තරේ ලක්ෂවාරයක් ජප කරලා. එතකොට අර මිථ්‍යා ඤාණය තියෙන කෙනා, මිථ්‍යා විමුක්තිය කරා යනවා. එතකොට අනිත් අයත් හිතනවා "ආ අපටත් අර මන්තරය ලක්ෂ වාරයක් ජප කර ගත්ත නම් හරි" කියලා. මොකද? දන්නේ නෑ නේ.

ගංගා දෙයියො විමුක්තියට අරන් ගිහින්...

ඉන්දියාවේ "**කුම්භමේලා**" කියලා උත්සවයක් තියෙනවා. අවුරුදු 12 කට වතාවක් ඒ ගොල්ලෝ කේන්දර බලලා, නැකත් බලලා නැකත පටන් ගන්න සුමාන දෙකකට කලින් බෙර ගහලා නලා පිඹලා මේලා පටන් ගන්නවා, "කුම්භමේලා". සාධුවරු දහස් ගණනක් ඇවිත් හට් ගහගෙන ඉතින් බජන් කිය කියා ඉන්නවා. නැකත ආව වෙලාවට ඇඳුම් තිබ්බ දන්නෙත් නෑ, නැද්ද දන්නෙත් නෑ, දුවන් ගිහින් එක රොත්තට පනිනවා අර ගඟට. ඉතින් ඒ උත්සවයෙදී හාර පන්සියයක් ගිලිලා මැරෙනවා. ඉතින් ඤාතීන්ට හරි සතුටුයි. මොකද ඒ? ගංගා දෙයියෝ විමුක්තියට අරන් ගියා.

දියේ ගිලී නැමයි. නැකතට කිරි ඉතිරීමයි දෙකම එකයි...

දැන් තේරුම් ගන්න, අපි මේ බැරිලා තියෙන බැරිල්ල කොහොම එකක්ද කියලා. අපිත් උපන්න නම් ඒ

රටේ විනාසයි. දියේ ගිලී නෑමයි, නැකතට කිරි ඉතිරිල්ලයි දෙකම එකයි. මොකද? ඒ දෘෂ්ටිය සමානයි. මොකද, අපි අර විදිහට දියේ ගිලිලා නාන්නේ නෑ ලැජ්ජාවට. (පටන් ගත්තොත් ලංකාවේ ඒකත් කරයි.) එතකොට මේකෙන් හරියට තේරුම්ගන්න මිච්ඡා විමුක්තිය.

බලන්න බුදුරජාණන් වහන්සේගේ ධර්මය නිසා මනුෂ්‍යයෙකුට කොයිතරම් බුද්ධිමත් වෙන්න පුළුවන්ද? ඒ නිසා දූන් තේරුම්ගන්න බුදුරජාණන් වහන්සේ පැහැදිලිව ම පෙන්වා දෙනවා "මේ සම්මා දිට්ඨිය, සම්මා සංකප්ප, සම්මා වාචා, සම්මා කම්මන්ත, සම්මා ආජීව, සම්මා වායාම, සම්මා සති, සම්මා සමාධි, සම්මා ඥාණ, සම්මා විමුක්ති කියන මේ අංග දහය මේ ලෝකේ කාටවත් ප්‍රතික්ෂේප කරන්න බෑ" කියලා.

කවුරු හරි සම්මා දිට්ඨිය ප්‍රතික්ෂේප කළොත් එයාට චෝදනා කරන්න පුළුවන්, "ඔබ සම්මා දිට්ඨිය ප්‍රතික්ෂේප කරනවා. එහෙනම් ඔබ මිථ්‍යා දෘෂ්ටියට ප්‍රශංසා කරන කෙනෙක් කියලා.

ප්‍රතික්ෂේප කළොත් එයා චෝදනාවට ලක් වෙනවා...

ඊළඟට කෙනෙක් සම්මා සංකල්පය ප්‍රතික්ෂේප කරනවානම්, එයාට කියන්න ඕනෑ. "ඔබ සම්මා සංකල්පය ප්‍රතික්ෂේප කරනවා, එහෙනම් ඔබ මිථ්‍යා සංකල්පයට ප්‍රශංසා කරන කෙනෙක්."

කෙනෙක් සම්මා වාචා ප්‍රතික්ෂේප කරනවා. එතකොට කියන්න පුළුවන්. "ඔබ සම්මා වාචා ප්‍රතික්ෂේප කරනවා නම් ඒකෙ තේරුම, ඔබ මිච්ඡා වාචා ප්‍රශංසා කරන කෙනෙක්."

කෙනෙක් සම්මා කම්මන්ත ප්‍රතික්ෂේප කරනවා නම්, එයාට කියන්න පුළුවන්, ඔබ සම්මා කම්මන්ත ප්‍රතික්ෂේප කරනවා නම්, මිච්ඡා කම්මන්ත ප්‍රශංසා කරන කෙනෙක්."

කෙනෙක් ඉන්නවා, සම්මා ආජීවය ප්‍රතික්ෂේප කරනවා. "දැන් කාලේ සිල් රැකගෙන මේක කරන්න බෑ" කියලා. එතකොට එයා මොකක්ද වර්ණනා කරන්නේ? මිථ්‍යා අජීවය.

කෙනෙක් සම්මා වායාම ප්‍රතික්ෂේප කරනවා. එහෙනම් එයා මිථ්‍යා වායාම ප්‍රශංසා කරන කෙනෙක්.

කෙනෙක් සම්මා සති ප්‍රතික්ෂේප කරනවා. එයා මිථ්‍යා සති වර්ණනා කරන කෙනෙක්.

කෙනෙක් සම්මා සමාධිය ප්‍රතික්ෂේප කරනවා. එතකොට එයා චෝදනා ලබනවා, "ඔබ සම්මා සමාධිය ප්‍රතික්ෂේප කරනවා නම් ඔබ මිථ්‍යා සමාධිය වර්ණනා කරන කෙනෙක්."

කෙනෙක් සම්මා ඤාණ ප්‍රතික්ෂේප කරනවා නම් එතකොට කියන්න ඕනෑ, "ඔයා සම්මා ඤාණ ප්‍රතික්ෂේප කරනවා නම් මිථ්‍යා ඤාණ පිළිගන්න කෙනෙක්" කියලා.

කෙනෙත් සම්මා විමුක්තිය ප්‍රතික්ෂේප කරනවා. එතකොට එයා මිථ්‍යා විමුක්තිය ප්‍රශංසා කරන කෙනෙක්.

දෙවියන් බඹුන් සියල්ලන්ම පසසන දෙයක්...

බුදුරජාණන් වහන්සේ වදාළා, ඔන්න ඔය කරුණු දහය ලෝකේ කිසි කෙනෙකුට කරුණු සහිතව ප්‍රතික්ෂේප කරන්න පුළුවන් දේවල් නොවෙයි කියලා.

එහෙමනම් කිසිකෙනෙක් මේ අංග දහය ප්‍රතික්ෂේප කරනවා නම් එයා ප්‍රශංසා කරලා තියෙන්නේ මේ අංග දහයෙන් තොර අයට.

උන්වහන්සේ පෙන්වලා තියෙනවා. "පින්-පව් විශ්වාස නොකරපු ඒ කාලේ හිටපු, උක්කලා වස්සභඤ්ඤා කියන තාපසවරුවත් නින්දා අපහාස විඳින්න වෙයි කියන භයට මේ අංග දහය ප්‍රතික්ෂේප කළේ නෑ" කියලා.

එහෙම නම් දෙවියන් බඹුන් සහිත මේ ලෝකේ සියලු දෙනා එකහෙලා ප්‍රශංසා කරන දෙයක් තමයි මේ අංග දහය. එහෙනම් අපි සියලු දෙනාටමත් මේ අංග දහය දියුණු කර ගැනීමට සම්මා දිට්ඨිය දියුණු කර ගැනීමට මේ ශ්‍රී සද්ධර්මය උපකාර වේවා!

සාදු! සාදු!! සාදු!!!

නමෝ තස්ස භගවතෝ අරහතෝ සම්මාසම්බුද්ධස්ස
ඒ භාග්‍යවත් අරහත් සම්මා සම්බුදුරජාණන් වහන්සේට නමස්කාර වේවා!

02.
තයෝධම්ම සූත්‍රය

(අංගුත්තර නිකාය - දසක නිපාතය)

ශ්‍රද්ධාවන්ත පින්වතුනි,

අපි මේ ගෙවාගෙන ආපු සංසාර ගමන ඇවිල්ලා තියෙන්නේ බොහෝම කරදර මැද්දේ. අපි ඒක දන්නේ බුදුරජාණන් වහන්සේ නමක් පහළ වෙලා අපට කියා දීපු නිසයි. බුදුකෙනෙක් පහළ වෙලා ජීවිතය ගැන කියාදෙනකම් ම, ජීවිතය අවබෝධ කරන්න පුළුවන් බව මේ ලෝකේ කිසිකෙනෙක් දන්නේ නෑ. ඒ නිසා බුදුරජාණන් වහන්සේ නමක් පහළ වෙනවා කියලා කියන්නේ, අඳුරු ලෝකයකට හිරු පායනවා වගේ එකක්.

අපේ වාසනාවට ලැබුණු දුර්ලභ අවස්ථාව...

බුදුරජාණන් වහන්සේ පහළ වෙලා මේ ධර්මය කියාදීපු නිසා, මේ ප්‍රශ්නේ අපි දැන් දන්නවා. අපි මේ සංසාරේ ආවේ අපායෙන් අපායට මාරු වෙවී. අපි බොහෝ කාලයක් ඉන්න ඇති තිරිසන් ලෝකේ, ඒකත් ඉවර වුණා.

නිරයේ ඉන්න ඇති, ඒකත් ඉවර වුණා. මිනිස් ලෝකෙට ආවා. මේකත් ඉවර වුණොත්...? මේතාක් ගෙවාගෙන ආපු සංසාරේ අපට නිවන් දකින ධර්මයක් අනුගමනය කරන්න බැරි වුණා. ඔන්න දැන් අපිට අවස්ථාවක් ලැබිලා තියෙනවා. පින්වතුනි, මේ විදිහේ අවස්ථාවක් ආයේ කොයි කාලේ එයිද කියලා හිතන්න බෑ. මේ අවස්ථාව ඒතරම්ම දුර්ලභයි. අපේ වාසනාව හොඳට තියෙනවා, අපට යමක් කිව්වහම තේරුම් ගන්න පුළුවන්කම තියෙනවා. එහෙනම් අපේ පැත්තෙන් අපි සම්පූර්ණයි.

මේ අවස්ථාව ගිලිහී ගියොත්...

අපේ වාසනාවට ජීවිතය ගැන කතා කරන ධර්මයක් ඇහෙනවා. ඒ ධර්මය විකෘතිවෙච්ච නැති එකක්. ඒ ධර්මය බුදුරජාණන් වහන්සේ නමකගේ ධර්මයක්. ඒ ධර්මය ලැබෙන වෙලාවේදී, අපි ඒ ධර්මය අවබෝධ කරගන්න මහන්සි ගන්න ඕනෑ. මේ අවස්ථාව ගිලිහී ගියොත් අපට මොකක් වෙයිද කියලා කියන්න බෑ.

මෙතේ බුදුන් පතා යමුද?...

අපට ආයෙමත් බුදුරජාණන් වහන්සේ නමක් මුණගැහෙන්න නම්, මිනිස් ආයුෂ අවුः 80,000 ක් වෙනකම් බලා ඉන්න වෙනවා. මෛත්‍රී බුදුරජාණන් වහන්සේ පහළ වෙන්නේ, මිනිස් ලෝකේ ආයුෂ අවුः 80,000 වෙච්ච කාලෙක. ඒ වාගේ කාලයක් වෙනකම් අපි මොනව කරයි ද කියලා කවුද දන්නේ? මේ ජීවිතය තුළ අපි අතින් කොයිතරම් වැරදි සිදුවෙලා තියෙනවාද?

දමනය වෙච්ච නැති හිතක් ඇතිව, දමනය නොවිච්ච වචන ඇතිව, දමනය නොවිච්ච කයක් ඇතිව, අපි මේ ගෙවන අවුරුදු 50, 60 තුළ කොයිතරම් අඩුපාඩු

සිද්ධ වෙනවාද? එහෙම එකේ ජීවිතය අවබෝධ කරන්න අවුඃ 80,000 ක් කල් බලාගෙන හිටියොත් අපට මොකක් වෙයිද කියලා කවුද දන්නේ?

මේ ජීවිතයේදී ම සංසාර ගැටළුව ඉවර කරන්න පුලුවන්....

බුදුරජාණන් වහන්සේගේ ධර්මයේ විස්තර වෙන්නේ, "දානේ කන්දක් පූජා කරනවාට වඩා උතුම් ඇසිපිය හෙලන මොහොතක් ජීවිතයේ යථාර්ථය දකින එක" කියලා. එහෙම නම් ජීවිතය අවබෝධ කරන්න පුළුවන් විදිහට අපේ මේ නුවණ හසුරුවා ගන්න පුළුවන් වුණොත්, අපේ මේ ජීවිතේ ගැටළුව මේ ජීවිතයේදීම ඉවර කරන්න පුළුවන් වෙනවා. මිනිස් ලෝකේ උපදිනකොටම කෙනෙක් ඒ හැකියාව එක්කයි උපදින්නේ. ඒ සඳහා අපට වුවමනා කරන්නේ නුවණින් කල්පනා කිරීම.

කරුණු තුන බැගින් වදළ දෙසුම...

ඒකට වුවමනා කරන හොඳ දේශනයක් අද අපි ශ්‍රවණය කරන්නේ. මේ දේශනාව සඳහන් වෙන්නේ අංගුත්තර නිකායේ දහවෙනි නිපාතයේ. මේ සූත්‍රයේ නම "තයෝධම්ම සූත්‍රය". කරුණු තුන බැගින් වදාළ දෙසුම.

මේ පින්වතුන් දන්නවා බුදුරජාණන් වහන්සේ වදාළ ධර්මය අවබෝධකර ගත්තොත්, අපි කාගෙත් ජීවිත අනතුරින් නිදහස් වෙනවා කියලා. උන්වහන්සේ වදාළා, මේ ජීවිතයේදීම ධර්මය දකින්න පියවර හතරක්. මොනවද ඒ පියවර හතර? සෝවාන්, සකදාගාමි, අනාගාමි, අරහත්. මේ පියවර හතර ගැනම සඳහන් වෙන දේශනාවක් තමයි තයෝධම්ම සූත්‍රය. මේ ජීවිතයේදී අපි සෝවාන් වුණොත්

සඳහටම මේ ප්‍රශ්නය ඉවර වෙන වැඩපිළිවෙලක් කරා අපට යන්න පුළුවන්කම තියෙනවා. මේක කෙනෙකුගේ මනසක් තුළ සිද්ධවෙන පරිවර්තනයක්. කෙනෙකුගේ අවබෝධයක් තුළ සිද්ධවෙන පරිවර්තනයක්. ඒ ගැන කාරණා රාශියක් මේ දේශනාවේ තියෙනවා.

බුදු කෙනෙක් පහළ වීමේ අරමුණ...

බුදුරජාණන් වහන්සේ සැවැත් නුවර ජේතවනාරාමයේ වැඩ සිටිද්දියි මේ දේශනය වදාළේ. බුදුරජාණන් වහන්සේ එදා භික්ෂූන් වහන්සේලාට වදාළා "පින්වත් මහණෙනි, මේ ලෝකයේ කරුණු තුනක් දකින්න නැත්නම්, තථාගත අරහත් සම්මා සම්බුදු රජාණන් වහන්සේ නමක් ලෝකයේ පහළ වෙන්නේ නෑ" කියලා. ඒ කරුණු තුන නැත්නම් බුදුරජාණන් වහන්සේ නමකගේ ධර්මයෙන් වැඩකුත් නෑ. ධර්මය බබලන්නෙත් නැහැ. ඒ කරුණු තුන තමයි "**ජාති, ජාරා, මරණ.**"

ජාති කියන්නේ ඉපදීමට, මේ ලෝකයේ ඉපදීම කියලා එකක් දකින්න නැත්නම්, ජාරාවට පත්වීමක් දකින්න නැත්නම්, මරණයට පත්වීමක් දකින්න නැත්නම්, බුදුරජාණන් වහන්සේ නමක් පහළ වෙන්නේ නැහැ. බුදුරජාණන් වහන්සේ නමකගේ ධර්මයක් අවශ්‍ය වෙන්නෙත් නෑ. බුදුරජාණන් වහන්සේ නමක් අවශ්‍ය වෙන්නේ ඔය කරුණු තුනෙන් නිදහස් වෙන්නයි. මොනවද ඒ? ජාති, ජරා, මරණ.

ජාති, ජරා, මරණ වලින් නිදහස් වෙන්න කලින්....

උන්වහන්සේ වදාළා, "මේ ජාති, ජරා, මරණ වලින් නිදහස් වෙන්න බෑ, රාග, ද්වේෂ, මෝහ වලින් නිදහස්

වෙන්නේ නැතිව." මේ ලෝකේ යමෙක් ඉපදීමෙන්, ජරාවෙන්, මරණයෙන් නිදහස් වුණා නම්, එයා නිදහස් වෙලා තියෙන්නේ මේ රාග, ද්වේෂ, මෝහ වලින් නිදහස් වීමෙන්මයි.

එතකොට රාග, ද්වේෂ, මෝහ වලින් නිදහස් වුණා නම් එයා කවුද? එයා තමයි රහතන් වහන්සේ. පින්වතුනි, අපි කවුරුත් මේ ගෞතම බුද්ධ ශාසනය තුළ රාග, ද්වේෂ, මෝහ වලින් නිදහස් විය යුතුයි. මේ ගෞතම බුද්ධ ශාසනය තව සෑහෙන කාලයක් ලෝකේ පවතිනවා.

පින් මදි. ත්‍රිහේතුක ප්‍රතිසන්ධි. මේ ඔක්කොම කතන්දර....

දැන් බලමු කල්පනා කරලා, අපේ රටේ අනුරාධපුර යුගයේදී ගෞතම බුද්ධ ශාසනය තුළ තිසරණයේ පිහිටලා, ඒ ධර්මය අනුගමනය කරපු නිසා අවුː 1000 ක් විතර කාලයක් තිස්සේ මාර්ග ඵල ලැබුවා. පස්සේ මොකද වුණේ? ඉන්දියාවේ ඇතිවුණු මතවාදවල බලපෑම නිසා මේක අතහැරියා. අතහැරලා අනාගතවංශ දේශනා, මෛත්‍රී වර්ණනා ආදී කතන්දර ගොතන්න පටන් ගත්තා. "අපට ධර්මය අවබෝධ කරන්න බෑ. පින් මදි. පාරමිතා ඕනෑ. ත්‍රිහේතුක ප්‍රතිසන්ධියක් ඕනෑ" කියලා මේ වගේ කතන්දර ආවා. කතන්දර අහපු මිනිස්සු ඒ ධර්මය අතහැරලා දැම්මා. වැටුනේ මොකේටද? ඉපදි ඉපදි ආපු සංසාරෙටයි වැටුනේ. නිදහස් වෙන්න බැරි වුණේ මොකෙන්ද? සතර අපායෙන් නිදහස් වෙන්න බැරි වුණා. සංසාරෙන් නිදහස් වෙන්න බැරි වුණා. ජාති, ජරා, මරණ වලින් නිදහස් වෙන්න බැරි වුණා.

ආයෙමත් අවස්ථාවක් ඇවිල්ලා....

දැන් එහෙනම් අපට ආයෙමත් අවස්ථාවක් ඇවිල්ලා. දැන් අපි අර පැරණි මත එකක්වත් ගන්නේ නෑ. මොනවද ඒ? "පාරමිතා ඕනෑ, පින් මදි, ත්‍රිහේතුක ප්‍රතිසන්ධි ඕනෑ." අපි දන්නවා ඒවා ඔක්කෝම බුදුරජාණන් වහන්සේ වදාළ දේවල් නොවන බව. ඒ ඔක්කොම බැහැර කරලා දැන් අපි පිරිසිදු ධර්මයක් අනුගමනය කරනවා. යම් කෙනෙක් මේ ජීවිතයේදී පටන් ගත්තොත්, එයාට මේ ගෞතම බුද්ධ ශාසනය තුළදී ම රාග, ද්වේෂ, මෝහ නැති කරන්න පුළුවන්. අන්න එදාට අපේ ප්‍රශ්නය සදහටම ඉවරයි.

රහත්වෙන්න කලින් සෝවාන් වෙන්න ඕනේ...

ඉතින් රාග, ද්වේෂ, මෝහ නැති කරනවා කියන එක ලේසි එකක් නොවෙයි. බුදුරජාණන් වහන්සේ වදාළා, රාග, ද්වේෂ, මෝහ නැති කරන්න තව තුනක් නැති කළ යුතු බව. ඒ තුන නැති කරන්නේ නැතිව රාග, ද්වේෂ, මෝහ නැතිකරන්න බෑ. ඒ තමයි සක්කාය දිට්ඨි, විචිකිච්ඡා, සීලබ්බත පරාමාස කියන තුන.

සක්කාය දිට්ඨිය නැති කරන්නේ නැතිව, විචිකිච්ඡා නැති කරන්නේ නැතිව, සීලබ්බත පරාමාස නැති කරන්නේ නැතිව, රාග, ද්වේෂ, මෝහ නැති කරන්න බෑ. ඒ කිව්වේ රහත් වෙන්න බෑ. මේවා නැති කරගත්තු කෙනා තමයි රාග, ද්වේෂ, මෝහ නැති කරන්නේ. මොනවද ඒ තුන? සක්කාය දිට්ඨි, විචිකිච්ඡා, සීලබ්බත පරාමාස.

මේ තුන නැති වුණොත් සෝතාපන්න වෙනවා...

මේ තුන නැති වුණොත් සෝතාපන්න වෙනවා. සෝතාපන්න වෙනවා කියලා කියන්නේ, සම්මා දිට්ඨිය ඇතිවෙනවා. ආර්ය අෂ්ටාංගික මාර්ගයට මුළු හදවතින්ම පැමිණෙනවා. ඊට පස්සෙ එයාගේ ඇඟේ ලේ, මස්, නහර, ඇට, ඇට මිදුළු කාටවත් වෙන් කරන්න බෑ වගේ, එයාගේ හිතේ ඇතිවන මේ අවබෝධය කාටවත් නැති කරන්න බෑ. අන්න ඒ කරා යන්න සක්කාය දිට්ඨි, විචිකිච්ඡා, සීලබ්බත පරාමාස කියන තුන ප්‍රහාණය වෙන්න ඕනෑ.

සක්කාය කියලා කියන්නේ පංච උපාදානස්කන්ධයට කියන වචනයක්. අපි පංච උපාදානස්කන්ධය විස්තර වශයෙන් තේරුම්ගන්න ඕනෑ. පංච කියන්නේ පහ. උපාදානස්කන්ධය කියන්නේ බැඳීයන කරුණු. ඒකේ පළවෙනි එක තමයි රූපය. රූපය කියලා බුදුරජාණන් වහන්සේ වදාළේ, සතර මහා ධාතුන්ගෙන් හටගත්තු දේ. ඒ තමයි පඨවි, ආපෝ, තේජෝ, වායෝ කියන සතර මහා ධාතුන්ගෙන් හටගත්තු දේවල්.

රූපය අයිති සක්කායටයි...

මොනවද ඒ පඨවි ධාතුව? කෙස්, ලොම්, නිය, දත්, සම, මස්, නහර, ඇට, ඇට මිදුළු, වකුගඩු, හදවත, අක්මාව, දලබුව, බඩදිය, පෙනහළු, මහ බඩවැල, කුඩා බලවැල, ආමාශය, අසූචි, හිස් මොළය, මේ ඔක්කොම පඨවි ධාතුව. දැන් අපේ ජීවිතේ මේවා නැද්ද? තියෙනවා.

ඊළඟට ආපෝ ධාතුව පිත, සෙම, සැරව, ලේ,

ඩහදිය, මේදය, කඳුළු, වුරුණු තෙල්, කෙළ, සොටු, සඳ මිදුළු, මූත්‍ර මේ ආදියයි.

ඊළඟට තේජෝ ධාතුව කියන්නේ, කය තවන උණුසුම් ස්වභාවය, කය දිරවන උණුසුම් ස්වභාවය, කය විශේෂයෙන් දවන, කන බොන දේ දිරවන උණුසුම් ස්වභාවය.

වායෝ ධාතුව කියන්නේ ශරීරයේ උඩට ගමන් කරන වායුව. ශරීරයේ පහළට ගමන් කරන වායුව. කුස තුළ පවතින වායුව. බඩවැල්, නහර, ධමනි තුළ පවතින, අවයව සොලවන, ආශ්වාස-ප්‍රශ්වාස කරන වායුව ආදියටයි.

මේවා එකතුවීමෙන් සකස් වූ රූපය සක්කායට අයිතියි. මේ රූපය කෙරෙහි මම, මගේ, මගේ ආත්මය කියලා මුලා වෙනවා, ඒ තුළ බැසගන්නවා. අන්න ඒක සක්කාය දිට්ඨිය.

වේදනාවටත් බැඳී යනවා...

කෙනෙක් වේදනාවටත් ඒ විදිහට බැඳෙනවා. වේදනාව කියන්නේ විඳිමට...

- ඇහෙන් රූප දැකලා සැප දුක් උපේක්ෂා විඳිනවා.
- කනෙන් ශබ්ද අහලා සැප දුක් උපේක්ෂා විඳිනවා.
- නාසයෙන් ආඝ්‍රාණය කරලා සැප දුක් උපේක්ෂා විඳිනවා.
- දිවෙන් රස විඳලා සැප, දුක්, උපේක්ෂා විඳිනවා.
- කයින් පහස ලබලා සැප, දුක්, උපේක්ෂා විඳිනවා.
- හිතෙන් අරමුණු හිතලා සැප, දුක්, උපේක්ෂා විඳිනවා.

එහෙම නම් අපි විඳින්නේ යම්කිසි දෙයක් එකතු වීම නිසා.

ඵස්ස පච්චයා වේදනා....

- ඇහැයි, රූපයයි, විඤ්ඤාණයයි එකතු වුණොත් තමයි විඳින්නේ.
- කනයි, ශබ්දයයි, විඤ්ඤාණයයි එකතු වුණොත් තමයි විඳින්නේ.
- නාසයයි, ගඳසුවඳයි, විඤ්ඤාණයයි එකතු වුණොත් තමයි විඳින්නේ.
- දිවයි, රසයයි, විඤ්ඤාණයයි එකතුවුණොත් තමයි විඳින්නේ.
- කයයි, පහසයි, විඤ්ඤාණයයි එකතු වුණොත් තමයි විඳින්නේ.
- සිතයි, අරමුණුයි, විඤ්ඤණයයි එකතුවුණොත් තමයි විඳින්නේ.

මෙන්න මේ කරුණු තුනේ එකතුව නිසා විඳිනවා කියන කාරණය දන්නේ නැතිකම නිසා මොකද කරන්නේ? විඳීමක් ඇති වෙනකොටම සම්පූර්ණයෙන්ම එයා ඒකේ බැසගන්නවා. ඒකේ ගිලෙනවා. "මම, මගේ, මගේ ආත්මය" කියලා. ඒක තමයි සක්කාය දිට්ඨිය. එතකොට රාග, ද්වේෂ, මෝහ නැති වෙන්න නම් ඒකෙන් නිදහස් වෙන්න ඕනෑ.

හඳුනාගැනීමත් ස්පර්ශය ප්‍රත්‍යයෙන්...

ඊළඟට බැදෙනවා සඤ්ඤාවට. ඒ කියන්නේ හඳුනා ගැනීමට.

- රූපයක් හඳුනාගන්න ඇහැයි, රූපයයි, විඤ්ඤාණයයි එකතු වෙන්න ඕනෑ.

- ශබ්දයක් හඳුනාගන්න කනයි, ශබ්දයයි, විඤ්ඤාණයයි එකතු වෙන්න ඕනෑ.

- ගඳසුවඳ හඳුනගන්න නාසයයි ගඳසුවඳයි, විඤ්ඤාණයයි එකතු වෙන්න ඕනෑ.

- රසයක් හඳුනගන්න දිවයි රසයයි, විඤ්ඤාණයයි එකතු වෙන්න ඕනෑ.

- කයෙන් පහස හඳුනගන්න කයයි, පහසයි, විඤ්ඤාණයයි එකතුවෙන්න ඕනෑ.

- සිතුවිල්ලක් හඳුනගන්න සිතයි, අරමුණුයි, විඤ්ඤාණයයි එකතුවෙන්න ඕනෑ.

නැත්නම් හඳුනගන්න බෑ. එතකොට සඤ්ඤාව (හඳුනාගැනීම) කියන්නේ එකතුවීම නිසා (ස්පර්ශය නිසා) ඇතිවන එකක් මිසක් වෙන එකක් නෙවෙයි. අන්න ඒක අවබෝධ නොවීම නිසා කෙනෙක් හඳුනගන්න ලෝකය කෙරෙහි මුලාවෙනවා, 'මම' කියලා, 'මගේ' කියලා, 'මගේ ආත්මය' කියලා. ඒක තමයි සක්කාය දිට්ඨිය.

චේතනාවටත් බැඳී යනවා...

ඊළඟට චේතනා ඇතිවෙනවා. ඇහෙන් රූපයක් දැකලා ඒ ගැන හිතන්න පටන් ගන්නවා. එතකොට චේතනාවක් මුල් කරගෙන තමයි එයා හිතන්නේ. වචන කතා කරනවා, චේතනා පහළ කරලා තමයි වචන කතා කරන්නේ. කයින් ක්‍රියා කරනවා, චේතනා පහළ කරලා තමයි ක්‍රියා කරන්නේ. එතකොට චේතනා ඇතිවෙන්න නම්,

- ඇහැයි, රූපයයි, විඤ්ඤාණයයි එකතුවෙන්න ඕනෑ.
- කනයි, ශබ්දයයි, විඤ්ඤාණයයි එකතුවෙන්න ඕනෑ.
- නාසයයි, ගඳසුවඳයි, විඤ්ඤාණයයි එකතුවෙන්න ඕනෑ.
- දිවයි, රසයයි, විඤ්ඤාණයයි එකතුවෙන්න ඕනෑ.
- කයයි, පහසයි, විඤ්ඤාණයයි එකතුවෙන්න ඕනෑ.
- සිතයි, අරමුණුයි, විඤ්ඤාණයයි එකතුවෙන්න ඕනෑ.

මේ පිළිබඳව අවබෝධයක් නැති කෙනා චේතනාව "මම කියලා, මගේ කියලා, මගේ ආත්මය" කියලා මුලා වෙනවා. ඒක තමයි සක්කාය දිට්ඨිය. එහෙම නැතිව මොකක්ද මේ ජීවිතේ අස්සේ වෙන්නේ කියලා මේ විදිහට බලන්න නම්, එයාට හොඳ සිහියක් තියෙන්න ඕනෑ. හොඳ කල්පනාවකින් ඉන්න ඕනෑ.

නාමරූප නිසා හටගත් විඤ්ඤාණය....

ඊළඟට විඤ්ඤාණයේ ක්‍රියාකාරීත්වය පවතින්නේ නාම රූප නිසා කියලා බුදුරජාණන් වහන්සේ වදාළා. එතකොට ඇහේ විඤ්ඤාණය හට ගන්නේ නාමරූප නිසා, කනේ විඤ්ඤාණය හටගන්නේත්, නාසයේ විඤ්ඤාණය හටගන්නේත්, දිවේ විඤ්ඤාණය හටගන්නේත්, කයේ විඤ්ඤාණය හටගන්නේත් නාමරූප නිසා. ඉතින් මේ රූප, වේදනා, සඤ්ඤා, සංඛාර, විඤ්ඤාණ කෙරෙහි කිසි අවබෝධයක් නැතිව නිකම් ම "මම කියලා, මගේ කියලා, මගේ ආත්මයයි" කියලා පිළිඅරන් ඔහේ ඉන්නවා. ඒක තමයි සක්කාය දිට්ඨිය. ඊට පස්සේ "තමන්ට ඕනෑ හැටියට මේක පවත්වන්න පුළුවන්" කියන අදහසකට එනවා. මේක ඇතිවෙන්නේ අවබෝධයක් නැතිකම නිසා.

මේ රාග, ද්වේෂ, මෝහ වලින් දුරුවෙන්න නම් අන්න ඒකෙන් දුරුවෙන්න ඕනෑ.

එහේ මෙහේ දුවන්නේ විචිකිච්ඡාව නිසයි...

මේ ක්‍රියාකාරීත්වයෙන් පළමුවෙන්ම නිදහස් වුණේ බුදුරජාණන් වහන්සේ. විචිකිච්ඡාව තියෙන කෙනා උන්වහන්සේගේ අවබෝධය සැක කරනවා. උන්වහන්සේ වදාළ ධර්මය සැක කරනවා. අපි හිතමු ජීවිතය පිළිබඳ අවබෝධයක් නැති කෙනෙකුට, ඒ වගේම කෙනෙක් කියනවා "ඔය ක්‍රම හරියන්නේ නෑ. ඊට වඩා කෙටි ක්‍රම තියෙනවා මෙහෙ වරෙල්ලා" කියලා. එහෙම කියපු ගමන් මොකද කරන්නේ? එහේ දුවනවා. තව කෙනෙක් කියනවා "එහේ වැඩක් නෑ. මෙහෙ වරෙල්ලා අරෙහේ යමල්ලා" කියලා. එතකොට එහේ යනවා. එහෙම වෙන්නේ මොකද? විචිකිච්ඡාව නිසා. අවබෝධයක් නැතිකම නිසා. නුවණ පාවිච්චි නොකර එක පාරටම අහුවෙනවා.

ඊළඟට බුදුරජාණන් වහන්සේගේ ධර්මය අනුගමනය කරලා, ධර්මය අවබෝධ කළ පිරිසක් හිටිය බව සැක කරනවා. ඒක විචිකිච්ඡාව.

ඊළඟට තමන්ගේ ජීවිතයේ අතීතය සැක කරනවා. අනාගතය සැක කරනවා. මේ සැකය ඇතිවෙන්නේ කොහොමද? පටිච්චසමුප්පාදය අවබෝධ නොවීමෙන්. පටිච්චසමුප්පාදය අවබෝධ කරලා තමයි මේ සැකයෙන් නිදහස් වෙන්න තියෙන්නේ.

ඊළඟට ශික්ෂාව සැක කරනවා. ඒ කියන්නේ නිවන් දකින වැඩපිළිවෙල සැක කරනවා. රාග, ද්වේෂ, මෝහ ප්‍රහාණය කරන්න නම් මේ සැකයෙන් නිදහස් වෙන්න ඕනෑ.

ඊළඟට සීලබ්බත පරාමාසයත් නැතිව යන්න ඕනෑ. නොයෙක් සීල ව්‍රතවලට බැඳිලා ඉන්න ගතිය නැති වෙලා හරියටම පිරිසිදු වැඩපිළිවෙලක් ඇති කරගන්න ඕනෑ. එතකොට සක්කාය දිට්ඨි, විචිකිච්ඡා, සීලබ්බත පරාමාස තුන නැති කරගන්න අපට ස්ථිරවම පුළුවන්. ඒ තුන නැතිවුණොත් අපට පුළුවන් රාග, ද්වේෂ, මෝහ නැති කරගන්න. රාග, ද්වේෂ, මෝහ නැති කරගත්තොත් අපට පුළුවන් ජාති, ජරා, මරණ නැති කර ගන්න.

සෝතාපන්න වීම පිණිස...

එතාකොට රාග, ද්වේෂ, මෝහ නැති කරන්න බෑ සක්කාය දිට්ඨි, විචිකිච්ඡා, සීලබ්බත පරාමාස නැති කරන්නේ නැතිව. කොහොමද මේක නැති කරන්නේ? බුදුරජාණන් වහන්සේ වදාළා, "සක්කාය දිට්ඨි, විචිකිච්ඡා, සීලබ්බත පරාමාස නැති කරන්න නම් තව තුනක් නැති කරන්න ඕනෑ" කියලා. ඒ තමයි අයෝනිසෝ මනසිකාරය නැති කරන්න ඕනෑ, වැරදි මග සේවනය නැති කරන්න ඕනෑ, ඒ වගේම සිතේ හැකිලීම නැති කරන්න ඕනෑ.

ඔන්න බලන්න, අපට සෝතාපන්න වෙන්න වුවමනා සක්කාය දිට්ඨි, විචිකිච්ඡා, සීලබ්බත පරාමාස නැති කරන්න කළින් මේ තුන නැති කරන්න ඕනෑ.

අයෝනිසෝ මනසිකාරය හරිම භයානකයි....

අයෝනිසෝ මනසිකාරය නිසා තමයි අපි සංසාරේ දිගින් දිගටම ආවේ. අයෝනිසෝ මනසිකාරය කියන්නේ, හිතට කිසි පාලනයක් නැතිකමයි. නුවණක් නැහැ. සිහියක් නැහැ. විමසීමක් නැහැ. ඔහේ හිතට එන දේවල් හිත

හිතා ඉන්නවා. කටට එන දේවල් කිය කියා ඉන්නවා. හිතෙන දේවල් කර කර ඉන්නවා. මේකට මුල මොකද්ද? වැරදි විදිහට හිත හැසිරවීමයි. ඒ කියන්නේ අයෝනිසෝ මනසිකාරයයි.

අයෝනිසෝ මනසිකාරය හරි භයානක එකක්. නූපන් අකුසල් ඔක්කොම හටගන්නවා, උපන් අකුසල් ඔක්කොම වැඩෙනවා. අයෝනිසෝ මනසිකාරය නැතිකරන්න නම් එතෙන්ට එක්ක එන්න ඕනෑ, "යෝනිසෝ මනසිකාරය." අන්න එතකොට උපන් අකුසල් නැතිවෙලා, නූපන් කුසල් උපදවා ගන්න පුළුවන් වෙනවා. හොඳට බලන්න අපට යෝනිසෝ මනසිකාරය තුළින් සිහිය උපදවා ගන්නේ නැතිව මේ වැරදි, අඩුපාඩු වලින් නිදහස් වෙන්න පුළුවන් ද කියලා. බෑ.

මග වැරදුණොත් සුන්...

ඊළඟ එක තමයි, වැරදි මග සේවනය කරන එක අතහරින්න ඕනෑ. වැරදි මග සේවනය කරන එක අතහරින්නේ මොකෙන්ද? සද්ධර්ම ශ්‍රවණයෙන්. සද්ධර්ම ශ්‍රවණය නැත්නම් වැරදි මග සේවනය කරගෙන යනවා. ඒකෙ තියෙන භයානකකම එයා දන්නෙ නෑ.

තිසරණය තියෙන කෙනාට විතරමයි...

ඔන්න දැන් මේ පින්වතුන්ට මතක ඇති. ඇෆ්ගනිස්ථාන්වල තලෙයිබාන්වරු කිව්වා "මේ පිළිමේ සාපයක්. කඩාපල්ලා" කියලා. ඒක හරි මගද? නෑ. වැරදි මග. ඊට පස්සේ අයෝනිසෝ මනසිකාරයෙන් හිතුවා. හිතලා ඔන්න කැඩුවා. ඊට පස්සේ කිව්වා "දැන් අපට අපලයක් ආවා, හරකුන් 100 මරාපල්ලා" කියලා.

මැරුවා. දැන් ඒ යන්නේ මොන මාර්ගයේද? අයෝනිසෝ මනසිකාරය තුළින් වැරදි මගක.

හැම ආගමක්ම එකයිද?...

එතකොට බලන්න ලෝකේ හැම ආගමක්ම එකයි නෙවෙයි. සියලු ආගම්වල අයට මේ ධර්මය අනුගමනය කරන්න බෑ. මේ නිවන් මග තිසරණය තියෙන කෙනාට විතරයි. ඒක නිසයි බුදුරජාණන් වහන්සේ, බය නැතිව ඕනෑ තැනක කියන්න කියලා කිව්වේ, "මේ ලෝකේ සෝතාපන්න වෙච්ච කෙනා ඉන්නේ බුද්ධ ශාසනේ විතරයි, සකදාගාමී වෙච්ච කෙනා ඉන්නේ බුද්ධ ශාසනයේ විතරයි, අනාගාමී වෙච්ච කෙනා ඉන්නේ බුද්ධ ශාසනයේ විතරයි, රහතන් වහන්සේලා ඉන්නේ බුද්ධ ශාසනයේ විතරයි" කියලා.

බුදු සසුනෙන් පිට මගඵල නෑ...

දැන් ඔන්න හිමාලේ කිව්වහම මතක් වෙන්නෙ කාවද? ඍෂිවරුන්ව. ඒ අය සෝතාපන්න වෙච්ච අයද? නෑ. එතකොට පැහැදිළිව පේනවා හිමාලයේ හිටිය පමණින් සෝතාපන්න වෙච්ච කෙනෙක් පහළ වෙන්නේ නෑ. සකදාගාමී වෙච්ච කෙනෙක්, අනාගාමී වෙච්ච කෙනෙක්, රහතන් වහන්සේ නමක් පහළ වෙන්නේ නෑ. හිමාලයේ හරි, හඳේ හරි, අඟහරු ලෝකේ හරි, බුද්ධ ශාසනය තියෙනවා නම් අන්න එතන විතරයි මාර්ගඵල ලාභීන් පහළ වෙන්නේ...

එහෙම නම් ලංකාවේ ආයෙමත් පිරිසිදු ධර්මය කතා කරගෙන, බුද්ධ ශාසනය දියුණු කරගෙන ගියොත් මාර්ගඵල ලාභීන් පහළ වෙන්නේ නැද්ද? පහළවෙනවා.

එසේ පහළවෙන්නේ බුදුරජාණන් වහන්සේගේ ධර්මය අනුගමනය කරමින් ධර්මය කරා ගියොත් පමණයි. ඉතින් ඒ නිසා බුදුරජාණන් වහන්සේ වදාළා, "අයෝනිසෝ මනසිකාරය දුරු කරන්න ඕනෑ, වැරදි මාර්ග සේවනය දුරු කරන්න ඕනෑ, සිතේ හැකිලීම දුරු කරන්න ඕනෑ" කියලා.

එහෙම නම් ඒ සඳහා තව කරුණු තුනක් දුරුකරන්න ඕනෑ. ඒ තමයි **මුට්ඨස්සති** - සතිය මොට්ට වෙලා. ඒ කියන්නේ සිහි මුලාවෙලා. සිහි මුළාව දුරුකරන්න ඕනෑ. **අසම්පජඤ්ඤය** - ඒ කියන්නේ නුවණ පාවිච්චි නොකරනබව දුරුකරන්න ඕනෑ. ඊළඟට **චේතසෝ වික්ඛේපං** - සිතේ විසිරීම දුරුකරන්න ඕනෑ.

එතකොට බලන්න අපේ හිතේ තියෙන මේ කාරණා ඔක්කොම නැතිකරන්න ඕනෑ මේ ගමන යන්න. මේක කරන්න බැරිද? පුළුවන්. හැබැයි සිහියෙන් නුවණින් කරන්න ඕනෑ.

සාමාන්‍ය සිහිය නෙවෙයි මේ කියන්නේ...

දැන් අපට සාමාන්‍යයෙන් සිහියත් නුවණත් තියෙනවා. ඒ සිහිය නිසයි කාණුවල වැටෙන්නේ නැතිව, වාහනවල හැප්පෙන්නේ නැතිව, දොර ජනෙල්වල හැප්පෙන්නේ නැතිව, මිනිසුන්ගේ ඇඟේ හැප්පෙන්නේ නැතිව, පඩිපේළි වලින් වැටෙන්නේ නැතිව යන්නේ-එන්නේ. හැබැයි ඒ සිහිය නියම සිහිය නෙවෙයි. ඒ සිහිය තිබුණා කියලා අපේ හිතේ අකුසල් ඇතිවෙන එක වළකිනවාද? නෑ. අවබෝධයක් ඇතිවෙනවාද? නෑ. අපට සමහර විට සියුම් වැඩක් කරන්න පුළුවන් සිහියෙන් ඉඳගෙන. එහෙම සියුම් වැඩ කළා කියලා අකුසල් ඇතිවෙන එක නවත්වන්න පුළුවන් ද? නවත්වන්න බෑ.

අයෝනිසෝ මනසිකාරයට විරුද්ධව...

සියුම් වැඩක් මම කියන්නම්.. දැන් ඔන්න කෙනෙක් තවත් කෙනෙකුගේ ඔළුව බලනවා. ඒක සියුම් වැඩක්. බලලා.. බලලා.. තඩියෙක් ගන්නවා. සියුම් වැඩක්. ඒ මොන සතියද? මිච්ඡා සතිය. මෙතන කරන්න තියෙන්නේ මිච්ඡා සතිය නැති කරලා සම්මා සතිය ඇති කර ගැනීමයි. මුට්ඨ සතිය නැතිවෙන්න ඕනෑ. තමන් තුළ මනා අවධානයකින් යුතු සිහියක් ඇතිකර ගන්න ඕනෑ, අයෝනිසෝ මනසිකාරයට විරුද්ධව. අන්න ඒකත් එක්ක ම එන්න ඕනෑ නුවණත්. සිතේ සාමාන්‍යයෙන් තියෙන එකක් තමයි, ඇවිස්සිච්ච ගතිය. මේ ඇවිස්සිච්ච ගතිය එක්ක තමයි ඉක්මන් කෝපය, ක්ෂණික තීරණ, වේගවත්කම, මේ ඔක්කොම ඇතිවෙලා තියෙන්නේ. සිහියෙන් නොහිටියොත් ඒක පාලනය කරන්න හුඟාක් අමාරුයි.

කරණම් ගහන්නේ සිහිය නැති නිසයි...

දැන් අපි මෙතන පත්‍රිකාවක් බෙදන්න ගත්තොත් එහෙම හිතේ ඇතිවෙන්නේ සන්සුන් ගතියක්ද? ඇවිස්සිච්ච ගතියක්ද? ඇවිස්සිච්ච ගතියක්. එතකොට අර වයසක ආච්චිලා කරනම් ගහගෙන මෙහෙට එනවා. ඇවිල්ලා පොරකාගෙන ගන්නවා. මොකද මේකට හේතුව? සිහිය, නුවණ පිහිටලා නෑ. අපි කියනවා "නෑ නෑ කලබල වෙන්න එපා පෙළට එන්න" කියලා. අහනවද? අහන්නේ නෑ. සිතේ විසිරීම නිසා සිත දමනය කරගන්න බෑ. අන්න බලන්න එතකොට අපි කොයිතරම් දේවල් ප්‍රමාණයක් හංගගෙනද ඉන්නේ. අපි සිහිය හංගගෙන ඉන්නේ. මේ සිහිය තමයි දියුණු කරන්න තියෙන්නේ.

සිහිය හොඳට දියුණුවෙලා නම් තේරෙනවා. ඔන්න මොනව හරි බෙදන්න ගන්නවා. කවුරුත් දඟලන්නේ නෑ. සද්ද නැතිව ඉන්නවා, "ලැබුණොත් ගන්නවා, නැත්නම් නිකන් ඉන්නවා" කියලා. අන්න සිහිය දියුණුයි. අන්න වීර්ය දියුණුයි. නුවණ දියුණුයි. සිත විසිරිලා නෑ. හිත විසිරිලා නැති කෙනා හොයන්න හරි ලේසියි. විසිරිච්ච කෙනා හොයන්නත් හරි ලේසියි. පොඩ්ඩක් අවුස්සන එක විතරයි තියෙන්නේ. අන්න ඒ නිසා තේරුම්ගන්න ඕනෑ, තමන් නොදන්න, තමන්ට තේරුම් ගන්න බැරි කොච්චර දෙයක් මේ හිත ඇතුලේ ක්‍රියාත්මක වෙනවා ද කියලා.

තවදුරටත් ඉදිරියට...

බුදුරජාණන් වහන්සේ වදළා, "මේ හිතේ තියෙන සිහි මුළාවුන ගතිය, නුවණ පාවිච්චි නොකරන ගතිය, සිතේ විසිරුණු ගතිය නැති කරන්න නම්, තව තුනක් නැති කරන්න ඕනෑ" කියලා.

පළවෙනි එක තමයි "අරියානං අදස්සන කම්‍යතං" පිරිසිදු ධර්මය කියන අය දකින්න තියෙන අකමැත්ත. දෙවෙනි එක පිරිසිදු ධර්මය අසන්න කැමති නැතිකම. තුන්වන එක ඇසුවත් ඇද හොයන ගතිය. ඒකට කියන්නේ **"උපාරම්භ චිත්ත"**.

ඇද හොයන ඇද අය....

ඔන්න කෙනෙක් ඉන්නවා ධර්මය අහන්න කැමති නෑ. කියන අය දකින්නත් කැමති නෑ. බලෙන් ඇදගෙන යනවා. "වරෙන් යන්න" කියලා. ඇවිල්ලා වාඩිවෙලා ඉන්නවා. එයා අහගෙන ඉන්නේ මොනවාද ඇදේ? දැන් එයාට ඇහෙන්නේ ඇදේ. දැන් එයා ඇද එක එක ගණන් කරනවා. "අන්න අරක කිව්වා එකයි" "ආන් අරකත් කිව්වා

දෙකයි" "අරක කිව්වා තුනයි, හතරයි" ඊට පස්සේ එයා ඇද ටික එකතු කරගෙන කිය කියා යනවා.

දැන් බලන්න මේ වෙන කොට අපි කොච්චර දේවල් ප්‍රහාණය කරලා ද කියලා. මේ වෙන කොට සෑහෙන දුරට අපි තුළ මේව ප්‍රහාණය වෙලා තියෙන්නේ. මොකද හේතුව? අපි මේ ඇද හොයන්න නෙවෙයි ධර්මය අහන්නේ, අවබෝධ කරගන්න. අන්න අවබෝධ කරන්න අහනකොට තමයි, සද්ධර්ම ශ්‍රවණයට කැමති වෙන්නේ. සද්ධර්ම ශ්‍රවණයට කැමති වෙලා අවබෝධ කරන්නමයි අහන්නේ.

අහංකාර, අසංවර, දුස්සීල කෙනා...

ඊළඟට, බණ අහන්න අකමැතිකමයි, ඇද හොයන ගතියයි, පිරිසිදු ධර්මය කියන අය දකින්න අකමැතිකමයි නැති කරන්න නම් තව තුනක් නැති කරන්න ඕනෑ. ඒ තමයි අහංකාරකම, අසංවරකම, දුස්සීලකම.

දැන් හොඳට හොයලා බලන්න. යමෙක් අහංකාර නම්, යමෙක් අසංවර නම්, යමෙක් දුස්සීල නම් එයා ධර්මය අහන්න කැමති වෙනවාද? ධර්මය අහන්න කැමති නෑ. මේ තුනම ඕන්නෑ, එකක් තිබුණොත් ඇති.

අහංකාරකමෙන් වැසී තිබුණ පින...

දැන් අපි දන්නවා ඛේමා ධර්මය අවබෝධ කරන්න පිනක් තිබ්බ කෙනෙක්. එයා රූපේ ලස්සන නිසා රූපයට විරුද්ධව කවුරු හරි කතාකළොත් සම්පූර්ණයෙන්ම ප්‍රතික්ෂේප කරනවා. එයාට ආරංචි වුණා, "බුදුරජාණන් වහන්සේ රූපෙට ගරහනවා" කියල. ඔන්න කතන්දරය ගිය හැටි. ඇත්ත කියනවා කියලා නෙවෙයි, ආරංචි

වුණේ. රූපයට ගරහනවා කියලා. එයාගේ ස්වාමියා තමයි බිම්බිසාර රජතුමා, සෝවාන් වෙලා හිටියේ. නමුත් මෙයා බිම්බිසාර රජ්ජුරුවෝ කියන එකවත් අහන්නේ නෑ. ඇයි මාන්නයෙන්, අහංකාරකමෙන්නේ හිටියේ. බිම්බිසාර රජ්ජුරුවෝ කල්පනා කළා, "මේ වේළුවන උද්‍යානයේ සුන්දරත්වය ගැන කවි හදලා, සින්දු හදලා කියවන්න ඕනෑ මෙයාට අහන්න" කියලා. ඔන්න සින්දු හදලා කියෙව්වා. කවි ඇහෙන කොට ආසාවක් ඇතිවුණා, වේළුවනාරාමයට යන්න.

රාජ නියෝගයට පිටුපාන්න එපා...

රජ්ජුරුවෝ සෙබළුන්ට කිව්වා, "හැබැයි දැන් මෙයා හිමීට පිටත් වෙයි. වේළුවනාරාමයට ඇතුළු වුණොත් අනිවාර්යයෙන්ම බුදුරජාණන් වහන්සේව හමුවෙලා තමයි යන්න තියෙන්නේ, ඒක රාජ නීතියක්. කියලා කියන්න" කිව්වා ඉතින් දේවීන්නාන්සේ කිව්වා "මට යන්න ඕනෑ වේළුවනාරාමය බලන්න" කියලා. ඔන්න දැන් මෙයා ගියා. ගිහිල්ලා වේළුවන උයනේ කුරුල්ලෝ, මල් ගස් අතගගා ඉඳල හිමීට ලෑස්ති වුණේ ඊළඟ ගේට්ටුවෙන් පනින්න. එතකොට සේවකයෝ මොකද කිව්වේ? "හා! හා! දේවීන්නාන්ස, දැන් ඔබතුමියට එහෙම යන්න බෑ. අන්න බුදුරජාණන් වහන්සේ වැඩඉන්නවා. කරන්න දෙයක් නෑ, ගිහිල්ලා උන්වහන්සේව බැහැදකින්න. නැත්නම් එළියට යන්න විදිහක් නෑ" කිව්වා. ඔන්න දැන් මෙයා මරන්න ගෙනියනව වගේ හරි අකමැත්තෙන් බුදුරජාණන් වහන්සේ ළඟට ගියා.

මම කොච්චර මෝඩියක්ද?...

ළඟට යනකොට පේනවා වෙන එකක්. මොකක්ද?

ලස්සන නෝන කෙනෙක් බුදුරජාණන් වහන්සේට චාමර සලනවා. අරයගේ තිබ්බ අර පැරණි අදහස සම්පූර්ණයෙන් ම දුරුවෙලා ගියා. "අයියෝ මම කොච්චර මෝඩියක්ද? මම අහලා තිබ්බේ වෙන එකක් නේ" දැන් මෙයාට බුදු බණ ඇහෙන්නේ නෑ. කටත් ඇරගෙන බලාගෙන ඉන්නවා අර රූපේ දිහා. බලාන ඉන්නකොට බුදුරජාණන් වහන්සේ අර ඉර්ධියෙන් මවපු ලස්සන රූපෙට මොකද වුණේ? කළු කෙස් සුදු පාට වුණා. කම්මුල් දෙක වලගැහුණා. දත් ටික ඔක්කොම එළියට පැන්නා. කන් දෙක එල්ලුනා. අත් දෙක උණ බට වගේ වුණා. හිමීට ඇට සැකිල්ලක් වෙලා දඩස් ගාල වැටුණා. වැටිච්ච ගමන් බුදුරජාණන් වහන්සේ ගාථාවකින් ජීවිතය ගැන කිව්වා. මෙයා අවබෝධ කළා. අවබෝධ කරලා මාර්ගඵල ලැබුවා, අරහත්වයට පත්වුණා. එතකොට බලන්න එයාට ඒක ප්‍රමාද වුණේ මොකෙන්ද? අහංකාරකමින්.

ඊළඟට බුදුරජාණන් වහන්සේ වදාළා, අහංකාරකම, අසංවරකම, දුස්සීලකම, දුරුකරන්න නම්, ශ්‍රද්ධාව නැතිකම ප්‍රහාණය කරන්න ඕනෑ. **කෝසජ්ජං** - කියන දේ අහන්නේ නැතිකම ප්‍රහාණය කරන්න ඕනෑ. කුසීතකම ප්‍රහාණය කරන්න ඕනෑ.

වීර්යයට ඉහළම තැනක්...

බුදුරජාණන් වහන්සේගේ ධර්මය තුළ කුසීතකමට කිසිම තැනක් නැහැ. වීර්යයටමයි තැන තියෙන්නේ. මේ ධර්මය තරම් වීර්යය ගැන කතා කරපු දෙයක් මේ ලෝකේ කිසිම තැනක නැහැ. නමුත් අද බෞද්ධ වේශයෙන් පෙනී ඉන්න සිංහල ජාතියට වීර්ය නැත්තේ මොකද? ඒ ධර්මය අනුගමනය නොකිරීම නිසයි.

දැන් කෙටි ක්‍රම වලින් දියුණුවෙන්නනේ බලන්නේ. වැඩක් හරියන්න නම් හිතෙන්නේ නැකතක් හදා ගත්තහම හරි කියලා. අන්න වීර්ය නැතිකම. ඒ වගේ අද්භූත දේවල් කරන්නේ වීර්යය නැති නිසා.

ඒ වීර්යය නිසාමයි...

බුදුරජාණන් වහන්සේගේ කාලේ ඉතාම සශ්‍රික පළාතක් තමයි ලිච්ඡවී රාජ්‍යය. බුදුරජාණන් වහන්සේ අහනව, "බලන්න මහණෙනි, මේ ලිච්ඡවීන් කොයිතරම් දියුණුද? ඒ වීර්යය නිසාමයි" කියලා. බලන්න හිතලා මේක කොච්චර සත්‍යයක්ද කියලා. අපි මේ ධර්මය ඇහුවට අනුගමනය කරන්න වීර්යය නැත්නම් අපි කවුරුවත් අවබෝධ කරයි ද? නෑ. මේ ධර්ම මාර්ගය තනිකරම තියෙන්නේ වීර්යය මත.

ධර්මය අදටත් අකාලිකයි...

බුදුරජාණන් වහන්සේ දේශනා කරනවා, "ශ්‍රද්ධාව නැතිකමයි, කියන දේ අහන්නේ නැතිකමයි, කුසීතකමයි දුරු කරන්න නම් තව තුනක් දුරු කරන්න ඕනෑ" කියලා. ඒ තමයි **(අනාදරිය)** - හිතවත් නැතිකම, **(දොවචස්සතං)** - ඒ කියන්නෙ අකීකරුකම, **(පාපමිත්තතං)** - පාප මිත්‍ර සේවනය. අන්න, පාප මිත්‍ර සේවනයත් එක්ක එකතු වෙච්ච කරුණු තුන. මොනවද ඒ? හිතවත් නැතිකම, අකීකරුකම, පාපමිත්‍රයා. දැන් හිතලා බලන්න, දෙදහස් පන්සිය ගණනකට ඉස්සර බුදුරජාණන් වහන්සේ වදාළ ධර්මය අදටත් අකාලිකයි නේද? දරුවෙක් ගැන හිතන්න. පාප මිත්‍රයන්ට අහුවෙලා නම්, ඒ දරුවා කියන දේ අහනවද? නෑ. අපි හිතමු හොඳ දරුවෙක් ඉන්නවා, ඔන්න පාප මිත්‍රයන්ට අහුවෙලා බොන්න ගන්නවා. ඊට පස්සේ

හිතවත් ද? නෑ. කියන දේ අහනවාද? නෑ. අන්න බලන්න පාප මිත්‍ර සේවනයත් එක්කම බැඳිලා තියෙන කරුණු දෙක. හිතවත් නැතිකමයි, අකීකරුකමයි.

පාපී මිතුරන් අත්හරිමු...

පාප මිත්‍ර සේවනයෙන්, හිතවත් නැතිකමින්, අකීකරුකමින් ගැලවෙන්න නම්, තව කරුණු තුනක් දුරු කරන්න ඕනෑ. පාප මිත්‍ර සේවනයෙන් ගැලවෙන්න නම් තව කරුණු තුනකින් ගැලවෙන්න ඕනෑ. ඒ තමයි "**අහිරික, අනොත්තප්ප, පමාද.**"

අහිරික කියන්නෙ, පවට ලැජ්ජා නැතිකම. **අනොත්තප්ප** කියන්නේ පවට බය නැතිකම. **පමාද** කියන්නේ ප්‍රමාදී කෙනා කියන එක. හොඳට හිතලා බලන්න, පවට ලැජ්ජා නැති, පවට බය නැති, ප්‍රමාදී කෙනා අන්න අහුවෙනවා පාප මිත්‍රයන්ගේ ආශ්‍රයට. එතකොට පාප මිත්‍රයන්ට අහුවෙන්නේ තමන්ගේ දෝෂයක් නිසා. මොකක්ද ඒ දෝෂය? පවට ලැජ්ජා නැතිකම, පවට බය නැතිකම, ප්‍රමාදය.

දැන් හොඳට හිතලා බලන්න. අජාසත්ත දේවදත්තට අහුවුණේ මොකද? පවට ලැජ්ජා නැතිකම, පවට බය නැතිකම ප්‍රමාදය නිසා. ලැජ්ජා බය තිබුණා නම් අහුවෙන්නේ නෑ.

දුර්වලකම තමන් තුළ...

අපි දන්නවා සමහරු ඉන්නවා, ඔන්න යනව මඟුල් ගෙවල්වල. හිතවත් ගෙවල්වල යනවා. පාප මිත්‍ර යාළුවෝ කියනවා, "බීපං.. බීපං" කියලා. අර පවට ලැජ්ජා-බය තියෙන කෙනා මොකද කරන්නෙ? නොබී ඉන්නවා. නොබී හිටපු ගමන් අර යළුවෝ තරහා වෙනවා. එතකොට පාප

මිත්‍රයෝ අයින් වෙනවා. ප්‍රශ්නය ඉවරයි. එයා බේරෙනවා. එහෙම නැතුව ඔන්න දැන් මෙයාට ලැජ්ජාවක් බයක් නැහැ. අනතුර දකින්නේ නෑ. අර යාළුවෝ කියන නිසා චුට්ටක් ගන්නවා. ඊට පසුසෙ යාළුවෝ ආයේ අඬගහනවා. ආයේ යනවා. ආයේ අඬගහනවා. ආයේ යනවා. දැන් එතකොට කොතැනද දුර්වලකම තිබුණේ? තමන් තුළ. ප්‍රාණඝාතයට අහුවුණොත් අහුවෙන්නෙත් ඔය විදිහට. හොරකමට අහුවුණොත් අහුවෙන්නෙත් ඔය විදිහට. ඊළඟට වැරදි කාම සේවනයට අහුවෙන්නෙත් ඔය ලැජ්ජා නැතිකම නිසයි, පවට බය නැතිකම නිසයි, ප්‍රමාදය නිසයි. බොරුවට අහුවෙන්නෙත්, මත්පැන්වලට අහුවෙන්නෙත් ඔය පවට ලැජ්ජා නැතිකම, පවට බය නැතිකම, ප්‍රමාදය නිසයි.

තැඹිලි වල්ල පාත්වුණා වගේ...

හොඳට බලන්න, මේ ධර්ම මාර්ගයේ යනකොටත් එහෙමයි. මිත්‍රයෝ ප්‍රමාණය අඩුවෙනවා. සාමාන්‍යයෙන් ලැජ්ජ-බය නැති එක්කෙනාට තැඹිලි වල්ල පාත් වුණා වගේ තමයි. ඕනෑතරම් යාලු මිත්‍රයෝ ඉන්නවා. හොඳට හිතලා බලන්න. ඔය කන්න බොන්න දීගෙන, පාටි දගෙන, අරක්කු බීගෙන ඉන්න තැන්වල ඕනෑ තරම් සෙනඟ ඉන්නවා. නමුත් ඔක්කොම අතහැරලා ධර්මය කතාකරන්න ගියොත් අර යාළුවො ටික නෑ. අන්න ඒ නිසා මේ ධර්ම මාර්ගයේ යන කෙනාට හොඳ අධිෂ්ඨානයක් තියෙන්න ඕනෑ.

රැලෙන් වෙන් වෙච්ච ඇතෙක් වගේ ඉන්න...

බුදුරජාණන් වහන්සේගේ ධර්මයේ තියෙනවා හොඳ ගාථාවක්. **(නෝ චේ ලභේථ නිපකං සහායං - සද්ධිං චරං සාධු විහාරි ධීරං)** තැනට සුදුසු නුවණැති ප්‍රඥාවන්ත

යාළුවෙක් හම්බ වෙන්නේ නැත්නම්, (**රාජාව රට්ඨං විජිතං පහාය**) - දිනපු රට අතහැර යන රජෙක් වගේ (**ඒකෝ චරේ මාතංගරඤ්ඤේ ව නාගෝ**) - රැලෙන් වෙන් වෙච්ච ඇතෙක් වගේ තනියම ඉන්න කියනවා.

ඔක්කොම යාළු-මිත්‍රකම් හදාගෙන තැඹිලි වලු පාත් කරගෙන වගේ ඉන්න ගියොත් අපි දන්නේම නෑ. “අරකට වරෙන්” කියනවා, “මේකට වරෙන්” කියනවා, “අරක කරපන්” කියනවා, “මේක කරපන්” කියනවා. ඊට පස්සෙ කෙළවරක් නැහැ. එහෙම නැද්ද? මේ සමාජයේ ඉන්නකොට එහෙම තමයි.

රාග, ද්වේෂ, මෝහ නැත්නම් ජරා මරණ නෑ...

ඒක නිසයි බුදුරජාණන් වහන්සේ වදාළේ, “මහණෙනි, ජාති, ජරා, මරණ නැති කරන්න පුළුවන්. කුමක් නැති කිරීමෙන්ද? රාග, ද්වේෂ, මෝහ නැති කිරීමෙන්” ඊළඟට වදාළා, “මහණෙනි, රාග, ද්වේෂ, මෝහ නැති කරන්න නම් සක්කාය දිට්ඨි, විචිකිච්ඡා, සීලබ්බත පරාමාස නැතිකරන්න ඕනේ.”

↓

ඊළඟට මේ සක්කාය දිට්ඨිය, සීලබ්බත පරාමාස, විචිකිච්ඡා නැතිකිරීම පිණිස අයෝනිසෝ මනසිකාරය, වැරදි මග සේවනය, සිතේ හැකිලීම නැති කරන්න ඕනේ.

↓

ඒ තුන නැති කිරීමට නම්, සිහිමුලා වෙච්ච බව, නුවණ පාවිච්චි නොකරන ගතිය, සිතේ විසිරීම කියන කරුණු තුන නැතිකරන්න ඕනේ.

↓

ඊළඟට බුදුරජාණන් වහන්සේ වදාළා, මේ සිහි මුලාවෙච්ච බව, නුවණ පාවිච්චි නොකරන බව, සිතේ විසිරීම නැති කරන්න පුළුවන් වෙන්නේ, සද්ධර්ම ශ්‍රවණයට තියන අකමැත්ත, පිරිසිදු ධර්මය කියන අය දකින්න තියෙන අකමැත්ත, ඇද හොයන ගතිය කියන මේ තුන නැතිකිරීමෙන්.

▼

ඊළඟට සද්ධර්ම ශ්‍රවණයට තියෙන අකමැත්ත, පිරිසිදු ධර්මය කියන අය දකින්න තියෙන අකමැත්ත, ඇද හොයන ගතිය නැති කරන්න පුළුවන්. ඒ තුන නැති කරන්න නම්, අහංකාරකම, අසංවරකම, දුස්සීලකම නැති කරන්න ඕනෑ.

▼

අහංකාරකම, අසංවරකම, දුස්සීලකම නැති කරන්න පුළුවන්, ශ්‍රද්ධාව නැතිකම, කියන දේ අහන්නේ නැතිකම, කුසීතකම නැති කිරීමෙන්.

▼

ඊළඟට බුදුරජාණන් වහන්සේ වදාළා, ශ්‍රද්ධාව නැතිකමයි, කියන දේ අහන්නේ නැති ගතියයි, කුසීතකමයි නැති කරන්න පුළුවන්. ඒ තුන නැති කරන්න නම් මේ කාරණා තුන නැති කරන්න ඕනෑ. ඒ තමයි හිතවත් නැතිකමයි, අකීකරුකමයි, පාප මිත්‍ර සේවනයයි.

▼

ඔන්න ඊළඟට බුදුරජාණන් වහන්සේ වදාළා, මේ හිතවත් නැතිකම, අකීකරුකම, පාප මිත්‍ර සේවනය කියන තුනත් නැති කරන්න පුළුවන්. ඒ සඳහා පවට ලැජ්ජා

නැතිකම, පවට බය නැතිකම, ප්‍රමාදය නැති කරන්න ඕනෑ.

දේව ධර්මය හඳුනාගන්න...

එහෙම නම් අපට පැහැදිළිව පේනවා මේ ධර්ම මාර්ගයේ මුලක් තියෙනවා. මේ ධර්මය පිහිටන්නේ කා තුළද? පවට ලැජ්ජා බය ඇති කෙනා තුළයි. ඒ කියන්නේ පවට ලැජ්ජාවක් තියෙනවා නම්, පවට බයක් තියෙනවා නම්, එයා ප්‍රමාදය දුරු කරලා අප්‍රමාදී කෙනෙක් වෙනවා. මේ ධර්ම මාර්ගයට හානි කරන්නේම පවට ලැජ්ජා නැතිකමයි, පවට බය නැතිකමයි, කියන දෙක. එහෙනම් මේ ධර්ම මාර්ගයට මුල් වෙන්නේ, පවට ලැජ්ජාවයි බයයි කියන දෙක. ඒකට කියනවා හිරි-ඔතප් කියලා.

දැන් අපි කියමු, වැරදි කරන කෙනෙක් ඉන්නවා. බොරු කියන කෙනෙක් ඉන්නවා. කේළාම් කියන කෙනෙක් ඉන්නවා. පරුෂ වචන කියන කෙනෙක් ඉන්නවා. මෙයා මේකෙන් ලැජ්ජා වෙනවා. ලැජ්ජාවෙලා පවට බය ඇතිකරගෙන මේකෙන් වළකිනවා. වැළකිච්ච ගමන් ඔන්න එයා අප්‍රමාදී කෙනෙක් බවට පත්වෙනවා.

සම්පූර්ණ දහම් මග කළණ මිතුරන් මත...

අප්‍රමාදී එක්කෙනා මොකද කරන්නෙ? පාප මිත්‍ර සේවනය දුරු කරනවා. දුරු කරලා ධර්මයට හිතවත්කමයි, කීකරුකමයි ඇතිකර ගන්නවා. ඒ කියන්නේ පාප මිත්‍රයන් දුරුකරලා කළ්‍යාණ මිත්‍රයන් ඇතිකර ගන්නවා. බුදුරජාණන් වහන්සේ තමයි අපට ලැබිච්ච හොඳම කළ්‍යාණ මිත්‍රයා. ඊළඟට උන්වහන්සේ වදාළ ධර්මය තමයි කළ්‍යාණ මිත්‍රයා වෙන්නේ. මේ ධර්ම මාර්ගයේ ගමන් කිරීමේදී කළ්‍යාණ මිත්‍ර ආශ්‍රය සම්පූර්ණයෙන්ම ජීවිතවලට උපකාර වෙනවා.

පරිස්සමෙන්... හැමතැනම අසත්පුරුෂයෝ...

පාප මිත්‍ර ආශ්‍රයට වැටුණොත් නම් ආයේ නිදහස් වෙන්න ලේසි නෑ. හොඳට හිතලා බලන්න, පාප මිත්‍ර ආශ්‍රය තිබ්බොත්, ඒ පාප මිත්‍රයන් මේ ධර්ම මාර්ගයට එන්න දෙන්නේ නෑ. මේ ධර්ම මාර්ගය තියෙන්නේ, සත්පුරුෂයන් සමඟ මිසක් අසත්පුරුෂයන් සමඟ නෙමෙයි. සමහර පවුල්වල දෙමව්පියෝ සත්පුරුෂයි, දරුවෝ අසත්පුරුෂයි. දරුවෝ පුළුවන් තරම් හතුරුකම් කරනවා දෙමව්පියන් මේ ධර්ම මාර්ගයේ යනවට. සමහර තැන්වල දරුවෝ සත්පුරුෂයි, දෙමව්පියෝ අසත්පුරුෂයි. දෙමව්පියෝ පුළුවන් තරම් හතුරුකම් කරනවා දරුවෝ මේ මාර්ගයේ ගමන් කරනවාට. සමහර තැන්වල ස්වාමි පුරුෂයා සත්පුරුෂයි, බිරිඳ අසත්පුරුෂයි. සමහර තැන්වල බිරිඳ සත්පුරුෂයි, ස්වාමියා අසත්පුරුෂයි. සමහර තැන්වල දෙන්නම සත්පුරුෂයි. සමහර තැන්වල දෙන්නම අසත්පුරුෂයි. මේ පින්වතුන්ට මේක හොඳට තේරෙනවා ඇති. සමාජයේ ඉන්න කෙනා තමයි දන්නේ කොයිතරම් අසත්පුරුෂයෝ පාප මිත්‍රයෝ මේ සමාජයේ ඉන්නවාද කියලා.

මිථ්‍යා දෘෂ්ටික සමාජයේ හැටි...

මේ සමාජය තුළ ධර්මයේ හැසිරෙන්න නෙමෙයි කතා කරන්නේ. "මොනවටද ඔය, මොකද ඔය පිස්සුද? විකාරද?" කියලා අහනවා. "මොනවටද ඔච්චර ධර්මය ඉගෙන ගන්නේ? මොකට භාවනා කරනවාද? ඔයාට තියෙන ප්‍රශ්නය මොකක්ද භාවනා කරන්න?" ඇයි මෙහෙම අහන්නේ? මේක තමයි අසත්පුරුෂයන්ගේ ස්වභාවය.

ඊළඟට අසත්පුරුෂයෝ ආශ්‍රය කරපුවහම තියෙන ස්වභාවයක් තමයි, අපි කියමු බණ-භාවනා කරගෙන යනවා කියලා. බණ-භාවනා කරන කෙනා කෙරෙහි සමාජයේ යම්කිසි ඊර්ෂ්‍යාවක් තියෙනවා. මේ ඊර්ෂ්‍යාවත් එක්ක වරදිනකම් බලාගෙන ඉන්නේ. "ඔන්න උඹේ භාවනාව, උඹ මහ ලොකුවට උඩ දගෙන ගියා කෝ?" කියලා කියන්නේ නැද්ද? කියනවා. කියන්න කට ඇරගෙන බලන් ඉන්නේ. ඒක තමයි මිථ්‍යා දෘෂ්ටික සමාජයේ හැටි.

කළ්‍යාණ මිත්‍රයා හඳුනගන්න...

මේ ධර්ම මාර්ගයේ හැසිරෙනකොට මේ ධර්ම මාර්ගයට උදව් කරන්නේ කළ්‍යාණ මිත්‍රයන් විතරයි. කළ්‍යාණ මිත්‍රයෙක් නම් මොකද කියන්නේ? "අනේ ලොකු දෙයක් නේ. මටත් මේ අඩුපාඩු හදාගෙන මේ ධර්මය අවබෝධ කරගන්න තියෙනවා නම් කොච්චර හොඳයිද? අනේ අපිවත් එක්ක යන්න" අන්න කළ්‍යාණ මිත්‍රයා. බොහොම ලේසියි හොයාගන්න. පාප මිත්‍රයා එහෙම නෑ. බාධාමයි කරන්නේ.

කළ්‍යාණ මිත්‍ර ඇසුර මත ඉදිරියට...

කළ්‍යාණ මිත්‍ර ආශ්‍රය තියෙන කෙනා මොකද කරන්නේ? ධර්මයට සෙනෙහෙවන්ත වෙනවා. ධර්මයට කීකරු වෙනවා. ඊට පස්සේ අන්න එයාට ඇතිවෙනවා ශ්‍රද්ධාවක්. අන්න ඊට පස්සෙ ධර්මයේ කියන දේ අහලා, ඇහුම්කන් දීලා හිතට ගන්නවා. හිතට අරගෙන කුසීතබව දුරු කරනවා. ඒ කෙනා ඔන්න වීර්යය ඇති කර ගන්නවා. වීර්යවන්ත කෙනා තමයි සිල්වත් වෙන්නේ. සිල්වත් වෙන්න බෑ වීර්යයක් නැති නම්. හොඳට හිතලා බලන්න වීර්යය නැත්නම් කරන්න පුළුවන්ද කියලා? හිතේ

ස්වභාවය තමයි, හොරකම් කරන්න දෙයක් දැක්ක ගමන් හොරකම් කරන්න හිතෙනවා. වීර්යය තියෙන කෙනා එහෙම කරන්නේ නෑ. මොනතරම් නැතිබැරිකම් තිබුණත් හොරකම් නොකර ඉන්නවා. ඒ තමයි කුසල ධර්මයන් තුළ ඇතිවෙච්ච වීර්යය.

අන්න එයා මොකද කරන්නේ? එයා වීර්යය ඇතිකරගෙන අසංවරකම දුරු කරනවා. දුස්සීලබව දුරුකරනවා. දැන් එහෙනම් ඔන්න නිවන කරා යන මාර්ග යේ දී කළ යුතු දේවල්. හැබැයි අපි තේරුම් ගන්න ඕනෑ, මේ මාර්ගයේ යන්නේ බොහොම ටික දෙනයි. ඒ අය බුද්ධිමත් අයයි.

බාහිර ලෝකේ නටනවා. අපිත් නටමු ද?...

"බාහිර ලෝකේ දුස්සීල වෙච්ච නිසා අපට ජීවත් වෙන්න බෑ, අපිත් දුස්සීල වෙනවා. බාහිර ලෝකේ අසංවරයි, ඒ නිසා අපිත් අසංවර වෙනවා. බාහිර ලෝකේ නටනවා, අපිත් නටමු" කියලා බෑ. මොකද හේතුව? බාහිර ලෝකෙ ඕනෑතරම් නටාගත්තදෙන්. මේක විශේෂ එකක්. මේක දුර්ලභ එකක්.

බුදුරජාණන් වහන්සේගේ කාලෙත් එහෙමයි. කොටසක් බාල් නට නටා හිටියා. කොටසක් භාවනා කර කර හිටියා. භාවනා කර කර හිටපු පිරිස තමයි මේකෙන් ගැලවුණේ. බාල් නට නටා හිටපු පිරිස තවමත් බාල් නටනවා ඇති.

මේ ධර්ම මාර්ගයේ ගමන් කරන්නේ, අර වීර්යය ඇති වෙච්ච පිරිස. දැන් එයා අසංවරකම දුරුකරලා, දුස්සීලකම දුරුකරලා, ඔන්න සිල්වත් වෙනවා. දැන් එයා ආර්යයන් වහන්සේලාව දකිනවා. ආර්ය ධර්මය අහනවා. ඒ ධර්මය

අවබෝධ කරගන්න මහන්සි ගන්නවා.

ධර්මාවබෝධ කරන්න නම්, මේ විදිහට අහන්න ඕනෑ...

බුද්ධ දේශනාවක් ශ්‍රවණය කරන කොට ඒ ධර්මය අවබෝධ කරගන්න කරුණු හයක් හේතු වෙනවා. ඒ තමයි,

1. **සුස්සූසති** - හොඳට අහනවා
2. **සෝතං ඕදහති** - හොඳට කන් යොමාගෙන සිටිනවා.
3. **අඤ්ඤාය චිත්තං උපට්ඨපේති** - අවබෝධ කරගැනීමට සිත පිහිටුවා ගන්නවා.
4. **අත්ථං ගණ්හාති** - අර්ථය ගන්නවා
5. **අනත්ථං රිඤ්චති** - අදාළ නැති දේ අතහරිනවා.
6. **අනුලෝමිකාය ඛන්තියා සමන්නාගතෝ හෝති** - ඒ අහපු ධර්මය තමන්ගේ ජීවිතයට ගලපා ගන්නවා.

නුවණ කරාම යන සිහියක් විය යුතුයි...

දැන් එයා මුට්ඨසතිය ප්‍රහාණය කරලා, තමන් තුළ සිහිය පිහිටුවා ගන්නවා. ඔන්න ප්‍රධාන එක. සිහිය පිහිටුවා ගැනීම නුවණින් කරන්න ඕනෑ. සිහිය කිව්වේ මොකක්ද? සතර සතිපට්ඨානය.

ඔන්න ඉරියව් ගැන සිහිය පිහිටුවනවා. ඉරියව් ගැන සිහිය පිහිටුවා ගන්නේ, "මේක අනිත්‍ය දෙයක්, මේක වෙනස් වෙන දෙයක්, මෙතන තියෙන්නේ දෙතිස් කුණපයන්ගේ එකතුවක්," කියන අදහස තුළ ඉඳලයි. එහෙම නැතිව ඔන්න සිහියෙන් ඉන්න ඕනෑය කියලා හිතාගෙන

මැල්ලුමක් කපනවා. "මැල්ලුමක් මැල්ලුමක් මැල්ලුමක්" කිය කියා කපනවා. එතකොට සිහිය තියෙනවද? සිහිය නෑ. සමහරවිට එයා ඒක කරන්නේ සිහියෙන් ඉන්නවා කියලා හිතාගෙන. සිහිය කියන්නේ ඒක නෙවෙයි. සිහිය කියන්නේ තනිකරම ඉරියව් කෙරෙහි අවධානයකින් අවබෝධයකින් ඉන්න එක. මේ සිහිය සම්පූර්ණයෙන්ම නුවණ කරා යන සිහියක් විය යුතුයි.

අනුගමනය කරලා මිසක් හැකියාව හොයන්න බෑ...

බුදුරජාණන් වහන්සේ වදාළා, සිහිය තියෙන කෙනා නුවණින් යුක්තයි. සිතේ විසිරීම දුරුකරලා, සිත සංසිඳවා ගන්නවා. දැන් තේරෙනවා නේද? මේක කරන්න නම් මානසිකව පුදුම දක්ෂබවක්, පුදුම හැකියාවක් ඕනෑ කරනවා. හැබැයි මේක තමන්ම අනුගමනය කරලා මිසක් හොයන්න බෑ. අනුගමනය කිරීමෙන්මයි තමන්ගේ හැකියාව හොයන්න තියෙන්නේ.

ඒකෙදි තමන් පසුබටවෙලා හරියන්නේ නෑ. කොයිතරම් සිහිය පිහිටුවාගන්න බැරි වුණත් අමාරුවෙන් හරි ආයේ ආයෙමත් සිහිය පිහිටුවාගන්න ඕනෑ. නුවණ පිහිටුවා ගන්න ඕනෑ. සිත සංසිඳුවා ගන්න ඕනෑ.

සක්කාය දිට්ඨිය මෙච්චර සියුම්ද?...

මේක හරි සියුම් වැඩක්. බුදුරජාණන් වහන්සේ මේ සියුම්කම පෙන්වාදීල තියෙනවා. විශාලා මහනුවර ලිච්ඡවීන් ඊතල වලින් ඉලක්කයට ඈතට විදිනවා. ආනන්ද ස්වාමීන් වහන්සේ ඒක දැකලා බුදුරජාණන් වහන්සේ ළඟට ගිහින් කියනවා. "ස්වාමීනි, ලිච්ඡවීන් හරි දක්ෂයි, ඊතල

වලින් විදින්න. හරි සියුම් විදිහට ඉලක්කයටම විදිනවා" කියලා.

එතකොට බුදුරජාණන් වහන්සේ අහනවා "ආනන්ද ඕකද අමාරු, අස්ලෝමයක් හතට පලලා තවත් අස් ලෝමයකින් ඒ අස්ලෝමයට විදින එකද?" ආනන්ද ස්වාමීන් වහන්සේ කියනවා "ස්වාමීනි, අර හතට පලපු අස්ලෝමයට තවත් අස්ලෝමයකින් විදන එක අමාරුයි" බුදුරජාණන් වහන්සේ වදාළා, "ඊටත් වඩා සියුම් මේ සක්කාය දිට්ඨිය ප්‍රහාණය කරන එක" කියලා.

යෝනිසෝ මනසිකාරය කියන්නේ භාවනාවමයි...

මේ මාර්ගයේදී යෝනිසෝ මනසිකාරය තියෙන්න ඕනෑ. යෝනිසෝ මනසිකාරය කියලා කියන්නේ භාවනාව ම යි. දැන් අපි අසුභ භාවනාව වඩනවා. ධාතු මනසිකාරය වඩනවා. මෛත්‍රිය වඩනවා. ආනාපානසතිය වඩනවා. මේ ඔක්කොම අයිති මොකේටද? යෝනිසෝ මනසිකාරයට. අනිත්‍ය සඤ්ඤාව වඩනවා. මේ ධර්මය සිහිකරනවා. පටිච්චසමුප්පාදය නුවණින් විමසනවා මේ ඔක්කොම යෝනිසෝ මනසිකාරය.

ඒ විදිහට පුරුදුකරන කොට එයාගෙ සිත හැකිලෙන එක නැවතිලා නියම මාර්ගයට වැටිලා ඔන්න සක්කාය දිට්ඨිය ප්‍රහාණය වෙනවා.

සත්‍ය ඤාණයෙන් නවතින්න එපා...

සක්කාය දිට්ඨි, විචිකිච්ඡා, සීලබ්බත පරාමාස ප්‍රහාණය කළොත් එයා එක්තරා ඤාණයක් ලැබූ කෙනෙක්. ඒ තමයි සත්‍ය ඤාණය. සත්‍ය ඤාණය කියන්නේ එයා

අවබෝධ කරගන්නවා "පංච උපාදානස්කන්ධය තමයි දුක, පංච උපාදානස්කන්ධය පවතින්නේ අවිද්‍යාවත්, තණ්හාවත් නිසා, ඒ නිසා අවිද්‍යාවත් තණ්හාවත් ප්‍රහාණය වුණොත් මේකෙන් නිදහස්, මේකට කරන්න තියෙන්නේ ආර්ය අෂ්ටාංගික මාර්ගය වඩන එක" කියලා. අන්න සත්‍ය ඥාණයට පැමිණෙනවා.

පුළුවන් තරම් ඉස්සරහටම යන්න...

ඔබ මේ ජීවිතයේදී සත්‍ය ඥාණයට පැමිණෙනවා කියලා විතරක් හිතන්න එපා. හිතන්න ඕනෑ "මම තවත් ඉස්සරහට යනවා. පුළුවන් නම් මම අනාගාමී වෙනවා" කියලයි. එතකොට තමයි අපට ගොඩාක් වීර්යය ගන්න පුළුවන්කම තියෙන්නේ. සමහරවිට කෙනෙක් "මම සෝවාන් වෙනවා" කියලා හිතුවොත් එච්චර වීර්යයක් ගන්නේ නෑ. "මම සෝවාන් වෙලා ඉතුරු ටික ඊළඟ ආත්මේ කරගන්නවා. ආත්ම හතක් තියෙනවා නේ, හිමීට බැරියැ!" කියලා හිතන් ඉන්නකොට දන්නෙම නෑ, මේ ජීවිතයෙත් කරගන්න බැරිවෙලා යනවා. අපිට වුවමනා කරන්නේ කොහොම හරි වීර්යය කරලා මේ ධර්මය අවබෝධ කරගන්න එක.

මාර්ගය පැහැදිලියි. ඔබ සූදානම්ද?...

සක්කාය දිට්ඨි, විචිකිච්ඡා, සීලබ්බත පරාමාස ප්‍රහාණය කරගත්තට පස්සේ තමන්ට මේ මාර්ගය හොඳටම පැහැදිලියි. ඊළඟට තමන්ට තියෙන්නේ මේ පැහැදිලි වෙච්ච මාර්ගය ම දියුණු කර කර ගිහිලා රාග, ද්වේෂ, මෝහ ප්‍රහාණය කරලා, ජාති, ජරා, මරණ වලින් නිදහස් වෙන එක.

ඒනිසා ජාති, ජරා, මරණ වලින් නිදහස්වීම පිණිස, රාග, ද්වේෂ, මෝහ ප්‍රහාණය කිරීම පිණිස, සක්කාය දිට්ඨි, විචිකිච්ඡා, සීලබ්බත පරාමාස දුරුකර ගැනීම පිණිස, චතුරාර්ය සත්‍යය අවබෝධවීම පිණිස අපට වහ වහා මේ ධර්මයම උපකාර වේවා!

සාදු! සාදු!! සාදු!!!

මහාමේඝ ප්‍රකාශන

www.ingramcontent.com/pod-product-compliance
Lightning Source LLC
Chambersburg PA
CBHW070555030426
42337CB00016B/2502
* 9 7 8 9 5 5 0 6 1 4 5 7 8 *